中共中央党校（国家行政学院）
马克思主义理论研究丛书

西方马克思主义
文化批判理论研究

A STUDY OF WESTERN MARXIST
CULTURAL CRITICAL THEORY

张楠楠 ◎ 著

中国马克思主义研究基金会 资助

社会科学文献出版社
SOCIAL SCIENCES ACADEMIC PRESS (CHINA)

出版前言

马克思主义是我们立党立国的指导思想。马克思主义科学理论指导是我们党鲜明的政治品格和强大的政治优势。任何时候，我们都不能淡化这个政治品格，都不能丢掉这个政治优势；任何时候，我们都要彰显这个鲜明的政治品格，都要发挥这个强大的政治优势。

中共中央党校（国家行政学院）是党中央培训全国高中级领导干部和优秀中青年干部的学校，是研究宣传习近平新时代中国特色社会主义思想、推进党的思想理论建设的重要阵地，是党和国家哲学社会科学研究机构和中国特色新型高端智库，是党中央直属事业单位。在习近平总书记的亲自关怀下，全体教职工在校（院）委领导下正致力于将中共中央党校（国家行政学院）建设成为党内外公认的、具有相当国际影响力的中国共产党名副其实的最高学府，建设成为在党的思想理论建设特别是在研究宣传习近平新时代中国特色社会主义思想上不断开拓创新、走在前列的思想理论高地，建设成为人才荟萃、名师辈出、"马"字号和"党"字号学科乃至其他一些学科的学术水准在全国明显处于领先地位的社会科学学术殿堂，建设成为为党和国家重大问题研究和决策提供高质量咨询参考作用的国家知名高端智库。

中共中央党校（国家行政学院）马克思主义学院是党中央批准成立的。2015 年 12 月 11 日，习近平总书记在全国党校工作会议上强调："中央批准中央党校成立马克思主义学院，就是坚持党校姓

'马'姓'共'之举。"① 习近平总书记的重要讲话和中共中央党校（国家行政学院）"四个建成"目标的提出，为我们建设好马克思主义学院指明了方向。

为了展示中共中央党校（国家行政学院）马克思主义学院学者政治过硬、理论自觉、本领高强、作风优良、建功立业的学术风范和最新研究成果，学好用好习近平新时代中国特色社会主义思想，推动中共中央党校（国家行政学院）马克思主义学院建成一流的马克思主义教学基地、一流的马克思主义研究高地、一流的马克思主义思想阵地，努力在国内乃至国际上产生重要的政治影响力、学术影响力和社会影响力，我们编辑出版了"中共中央党校（国家行政学院）马克思主义理论研究丛书"。

第一批丛书献礼新中国成立 70 周年，共出版 11 册，包括《探求中国道路密码》《对外开放与中国经济发展》《国家治理现代化的唯物史观基础》《中国道路的哲学自觉》《历史唯物主义的"名"与"实"》《马克思主义中国化的理论逻辑》《发展：在人与自然之间》《马克思主义基本原理若干问题研究》《马克思人学的存在论阐释》《新时代中国特色新型城镇化道路》《比较视野下的中国道路》，社会科学文献出版社 2019 年出版。该丛书被中共中央宣传部推荐参加了庆祝新中国成立 70 周年大型成就展。

第二批丛书共 12 册，包括《马克思主义经典著作与当代中国》《马克思主义政治经济学与当代中国经济发展》《马克思早期思想文本分析——批判中的理论建构》《出场语境中的马克思话语》《当代资本主义新变化——金融化、积累危机与社会主义的未来》《当代马克思主义若干问题研究》《中国道路与中国话语》《历史唯物主义的返本开新》《新时代中国乡村振兴问题研究》《被遮蔽的马克思精神哲学》《论现代性与现代化》《青年马克思与施泰因：社会概念比较研究》，社会科学文献出版社 2020 年、2021 年出版。

马克思主义学院决定 2022 年继续组织出版第三批丛书。此批丛

---

① 习近平：《在全国党校工作会议上的讲话》，人民出版社，2016，第 8 页。

书共 6 册，包括《异化劳动与劳动过程：理论、历史与现实》《政党治理的逻辑——中国共产党治党理论与实践研究》《身份政治的历史演进研究——以社会批判理论为视角》《西方马克思主义文化批判理论研究》《马克思利润率趋向下降规律研究》《马克思恩格斯对黑格尔历史观的批判与超越》。

　　第一批、第二批丛书的顺利出版，得到了时任中共中央党校（国家行政学院）分管日常工作的副校（院）长何毅亭同志、李书磊同志和时任副校（院）长甄占民同志的大力支持。现在，第三批丛书将陆续出版，中共中央党校（国家行政学院）分管日常工作的副校（院）长谢春涛同志和副校（院）长李毅同志充分肯定本丛书的学术意义和社会价值，鼓励把它打造成享誉学界的品牌丛书。社会科学文献出版社社长王利民、该社政法传媒分社总编辑曹义恒及各册书的编辑也为丛书出版作出了重要贡献。在此一并感谢。

　　由于水平有限，错误之处在所难免，请读者批评指正。

丛书编委会
2022 年 8 月 26 日

目　录

绪　论

　　长期以来，国内外学者对"西方马克思主义"的界定始终存在分歧，但毫无疑问的是，在西方马克思主义谱系当中，文化批判理论占据了极为重要的地位。他们以文化批判为理论基石，探究符号、意义、价值、情感等非物质因素在社会历史进程中的作用，并由此建构了相关的生产理论、主体理论、价值理论、社会变革理论等等。文化批判理论在思想演进的过程中是否存在某种相通的逻辑，文化是如何成为他们共同的核心议题的，他们在何种程度上发展了经典马克思主义，其理论又具有怎样的实质性影响与限度等，本书力图对这些问题做出回答。

一　选题背景与选题价值

1. 选题背景

　　马克思主义是变革现实的学问。消灭阶级剥削、实现普遍解放是贯穿马克思主义发展史的一条红线。如果个体的差别来自文化，那么受教育程度的提升是否必然导向个体的解放？如果科学理论是推动历史发展的决定性力量，那么物质生产是否会丧失它在社会发展过程中的基础地位？文化到底是权力规训的工具还是鼓舞人心、促成历史进步的冲锋号？未经批判的前提不足以成为前提。文化研究成为时代的热点，恰恰说明了人不仅是自然的产物、历史的产物，而且是精神的产物，物质需求与精神文化需求都是人类生存发展的基本需求。资产阶级按照自己的面貌创造了一个全新的世界。科学技术的飞速发展创造了极其丰富的物质资料，但是这种进步并未同步到精神领域。感性欲望泛滥，拜金主义、享乐主义、功利主义盛行，灵与肉、社会与自然、道德与欲望的二元对立时刻折磨着现代人，使他们在精神上陷入了无家可归的悲惨境地。如何使文化理论有效地指导现实，不仅关系着个体如何选择正确的价值观，也是建设社会主义文化强国的必然要求。反思西方马克思主义文化批判理论是我们发展当代文化理论的逻辑前提。

西方马克思主义既是对马克思主义的继承和发展，同时也不可避免地受到了人本主义、科学主义等社会思潮的影响。马克思主义不是人类未来的预言者，而是现实历史进程的参与者，所以马克思恩格斯在《德意志意识形态》等文本中超出了早期的人本主义立场，试图在资本主义经济结构中为历史唯物主义提供科学的证明。但是文化批判理论在某种程度上放弃了经济学的语境，而是呈现出话语性、碎片化的发展趋势。文学主要在文学史、文字学、文学批评等领域展开对文化的研究。社会学则把文化与身份政治理论的结合看作问题的关键所在。具体地说，社会学并未局限在"阶级"这个重要范畴，而是依据性别、种族、工作等其他标准划分社会群体。至于哲学领域，正如阿尔贝特·施韦泽在《文化哲学》中所说的那样，当前文化哲学的主要出发点和落脚点常在伦理学，而很少在政治哲学，哲学要为文化的衰落负责。[①] 我们可以看到，文化研究已经变得如此关注文化自身和文化差异的细节，因此，它越来越无法解释20世纪末21世纪初的新兴文化的复杂性。随着资本主义生产方式的变革，文化的古老意义（自然的对立面和被创造的单一性）正在消失。特里·伊格尔顿指出，文化被塑造成一个德里达式的修辞形象，因为它"既可以是一个描述性的术语，也可以是一个评价性的术语"[②]。从

---

① 参见〔法〕阿尔贝特·施韦泽《文化哲学》，陈泽环译，上海人民出版社，2008，第46~51页。

② 〔英〕特里·伊格尔顿：《理论之后》，商正译，商务印书馆，2009，第5页。

生产到消费、疾病到战争、人种到性别，一切现象都被视为文化问题，引起很多学者展开对文化运行机制的分析。

聚焦于文化内在性的文化理论最终使得文化与其所关涉的劳动、阶级、经济等因素相分离，这种对文化的自反性理解使几乎所有的文化批判理论都面临一个共同的局面。一方面，正如威廉斯所说的那样，古典马克思主义所说的经济基础与上层建筑不能被当作完全分割开来的实体，它们都现实地参与了社会历史的发展进程。[①] 另一方面，马克思之后的不同理论虽然"模式方法观点不同、思想立场不一，但是都持有相同的文化主义取向，即深入挖掘资本主义经济活动的文化内涵，充分肯定文化在建构社会秩序及其国家共同体中的重要作用"[②]。文化批判理论早已不再聚焦于文化的定义与内涵这种宏大的问题，而是更多地关注如何用文化来解释我们当前的世界。问题的关键从来不是解释现象，而是我们如何去改变现状。如果文化批判理论不与经济、劳动、阶级等政治经济学的核心范畴联系起来，而只是一种自我封闭和自我理解的实践，那么，它就丧失了相较于古典形而上学的理论优势。正是在这个意义上，我们主张从历史唯物主义视角审视不同文化批判理论的实质性影响，重申劳动、经济在文化中的基础地位。

文化批判理论应该体现文化创造与生产变革的双重自觉，它不只是一种纯粹的哲学体系。我们必须以历史唯物主义为理论线索，对文化批判理论展开严谨的探究。邹广文指出："一种全新的哲学必然是通过对传统哲学主客二元对立模式的辩证扬弃，进而达到对人类现实生活实践的通观把握，尤其是要对现时代的人类文化创造活动有一个全面而辩证的理解。"[③] 文化批判不能停留在上层建筑的领域，它必须在现实生活中寻找理论的基石。所以，本书聚焦于西方马克思主义文化批判理论，通过对文化批判理论"去经济学化"的分析，最终揭示出

---

① 参见〔英〕雷蒙德·威廉斯《马克思主义与文学》，王尔勃、周莉译，河南大学出版社，2008，第89页。

② 欧阳谦：《历史唯物主义与当代文化问题》，《教学与研究》2017年第1期。

③ 邹广文：《当代文化哲学建构的中国资源》，《学术月刊》2008年第10期。

马克思恩格斯理论的实质内容。马克思恩格斯看到了资本主义社会中的异化现象，试图在这种异化中寻找社会不平等的根源。具体地说，马克思肯定了物质资料生产方式的首要地位，系统地阐释了"感性"与"文化"的真正内涵，同时揭示了物质与精神的发展规律，建构了科学的社会解放理论。为了实现当代文化批判理论的进一步发展，首先就要深入探讨文化批判理论与政治经济学的辩证联系。

2. 选题价值

历史逻辑。西方马克思主义文化批判理论的"去经济学化"倾向早已得到学界的普遍关注，文化研究与政治经济学的结合是当前学界的热点问题，因此以西方马克思主义文化批判理论"去经济学化"为逻辑线索进行系统的论述是必要的，也是可行的。另外，西方马克思主义是在经典马克思主义的基础上展开的，对西方马克思主义文化批判理论的审视必须同马克思恩格斯的文化批判理论有机地结合起来。诚然，马克思恩格斯在其著作中较少使用"文化"的概念，也没有对"文化"下一个明确的定义，但是马克思恩格斯的经典理论是一个整体，他们对文化的解读实际上是内在于整个历史唯物主义体系的。近年来，已经有不少论者从文本沿革的角度重新诠释马克思恩格斯的文化哲学，但很少有人联系文化批判理论重申马克思恩格斯文化观的重要内涵。事实上，无论是对马克思恩格斯文化观的发展，还是对中国特色社会主义文化体系的深入阐发，都必须放在思想史的背景下展开深入论证。因此，在历史唯物主义视域下，通过对西方马克思主义文化批判理论的深刻反思，最终能够达到对马克思恩格斯文化观的总体把握。

理论逻辑。西方马克思主义文化批判理论的缺陷在于，它始终是站在资本主义制度的内部对文化进行改造，因而没能超越资本主义制度本身。西方马克思主义者虽然把批判当作自己的理论武器，但是对展开论述的前提（也就是资本主义制度本身）却采取了一种非批判的态度。文化批判理论只不过是资本主义全球化危机在文化层面的反映，它仍然不能摆脱资本主义制度下劳动者与生产资料完全分离的根本缺陷。历史唯物主义深刻地阐明了人类社会发展的一般规律，这是我们推进社会主义文化建设的理论基础。西方马克思主义文化批判理论割裂了文化同社会发展的外部联系，试图在文化理论内部探索社会变革的根本途径，这可以被称作"文化的转向"（the turn to culture）。但是，文化批判理论主张用文化活动来解释社会历史的演进，试图把基础与上层建筑统一起来，但是对文化观念的过分强调容易陷入唯意志论的极端倾向。

实践逻辑。克服西方马克思主义文化批判理论的局限性，正确把握经济效益、文化效益、社会效益的辩证关系，是发展中国特色社会主义的必由之路。习近平总书记在党的十九大报告中指出："中国特色社会主义进入新时代，我国社会主要矛盾已经转化为人民日益增长的美好生活需要和不平衡不充分的发展之间的矛盾。"[①] 在社会主要矛盾发生变化的新时代，我们倡导的"文化自信""文化强国""文化软实力""社会主义荣辱观"等，不仅是文化领域的理论创新，更是推动社会经济发展的伟大实践。具体地说，在政治上层建筑领域，社会主义先进制度为文化建设指引前进方向；在观念上层建筑领域，必须旗帜鲜明地坚持无产阶级的意识形态；在经济基础领域，生产力和生产关系的矛盾运动为文化建设提供了强劲的动力。中国共产党的领导是中国特色社会主义文化建设最鲜明的特征和最突出的优势。如果不以社会主义建设为目标，一切矛盾与危机的解决都不过是暂时的改良，只有坚持马克思主义的指导地位，才能真正发挥文化的引领作用。

二　文献综述

1. 国内研究综述

有些学者以文化研究与政治经济学的关系为切入点，为我们论述西方马克思主义文化批判理论的"去经济学化"倾向提供了理论

[①]　习近平：《决胜全面建成小康社会 夺取新时代中国特色社会主义伟大胜利——在中国共产党第十九次全国代表大会上的报告》，人民出版社，2017，第 11 页。

支撑。[①] 但是，这一部分的著作极少，即便出现了相关的文献，西方马克思主义的文化批判理论也仅仅是作为一个章节而出现的。[②] 例如，在《批判的文化经济学——马克思理论的当代重构》第一章，作者以"西方马克思主义的'去经济学化'"和"对后现代文化研究的'去经济学化'反思"为题进行论述。再如，在《重建历史唯物主义——西方马克思主义基础理论研究》一书的倒数第二章，作者阐述了文化批判和"去经济学化"的本质定义与内在关联。总的来说，西方马克思主义文化批判理论的"去经济学化"倾向更多的是以一种暗含的方式呈现在文本中，也就是说，通过论证西方马克思主义的哲学化倾向，反向说明文化批判理论和政治经济学的疏远。除此之外，西方马克思主义文化批判理论的"去经济学化"倾向引起了国内外学者的关注，并形成了文化批判理论与政治经济学比较研究的学术热点，比如媒介文化工业批判、传播批判政治经济学、文化政策研究等。

迄今为止，围绕西方马克思主义文化批判理论的"去经济学化"倾向，国内学术界的研究成果依然是乏善可陈。但这并不能否认这一领域的重要价值。如果我们把范围扩大到整个西方马克思主义文化批判理论，就会发现，相关的研究基本上涵盖了意识形态批判、文化哲学、主体性、人的解放等多个理论问题。下面我们来具体分析。

国内学者主要从三个角度对西方马克思主义文化批判理论展开研究。首先是宏观研究，即立足于人的主体性和人的解放、西方马克思主义的总体性思想、马克思主义与资本文化矛盾等理论问题，

---

① 邰丽华：《西方马克思主义"去经济学化"现象反思》，《当代经济研究》2013 年第 1 期；马拥军：《文化与经济的关系：西方马克思主义政治经济学批判的启示》，《西南大学学报》（社会科学版）2014 年第 2 期；徐德林：《"马克思归来"与文化研究的重建》，《外国文学动态研究》2019 年第 6 期；章辉：《文化研究与政治经济学：从对抗走向联合》，《甘肃社会科学》2013 年第 3 期。

② 刘子喜：《批判的文化经济学——马克思理论的当代重构》，河北大学出版社，2013；孙承叔等：《重建历史唯物主义——西方马克思主义基础理论研究》，复旦大学出版社，2015。

对西方马克思主义的文化批判、文化政治学、文化理论发展史等方面展开研究。① 其次是对西方马克思主义者的个案研究，包括斯图亚特·霍尔的文化政治批判思想、法兰克福学派的大众文化批判理论、克拉考尔的文化现代性批判理论等。② 最后是侧重于某种文化现象的分析，也即，以发达工业社会典型文化现象为切入点，从意识形态角度深入阐发资本主义社会的本质特征。这一方面的研究帮助我们更深刻地理解当前社会的主要问题。③

可以查阅到的论文大致分为三类：经典马克思主义文化观、西方马克思主义文化研究、社会文化现象批判。国内学者对西方马克思主义文化批判理论的研究主要集中在两个方面：

（1）以总体性辩证法为切入点，梳理西方马克思主义文化批判理论。"文化主义的马克思主义"拒斥经济决定论和机械还原论的错误倾向，试图把自由与决定、主体与客体、物质与精神等对立面统一起来。相关的理论家包括卢卡奇、鲍德里亚、伊格尔顿、杰姆逊、拉克劳等人。

（2）围绕西方马克思主义者关注的某个理论问题展开论述。例

---

① 欧阳谦：《西方马克思主义的文化哲学》，台北雅典出版社，1988；欧阳谦：《人的主体性和人的解放》，山东文艺出版社，1986；欧阳谦：《文化的转向：西方马克思主义的总体性思想研究》，中国人民大学出版社，2015；衣俊卿等：《20世纪的文化批判：西方马克思主义的深层解读》，中央编译出版社，2003；王雨辰：《哲学与文化价值批判：解读当代西方马克思主义》，湖北人民出版社，2004；余莉主编《西方马克思主义文化批判》，中国人民大学出版社，2019；孙承叔等：《重建历史唯物主义——西方马克思主义基础理论研究》，复旦大学出版社，2015；陆扬：《马克思主义文化理论发展史》，百花洲文艺出版社，2019；黄力之：《马克思主义与资本文化矛盾》，河南大学出版社，2010；马驰：《西方马克思主义与中国当代文论》，河南大学出版社，2010；李小娟、付洪泉主编《批判与反思：文化哲学研究十年》，黑龙江大学出版社，2011。

② 李文艳：《斯图亚特·霍尔文化政治批判思想研究》，山西人民出版社，2018；尤战生：《流行的代价：法兰克福学派大众文化批判理论研究》，山东大学出版社，2006；林雅华：《克拉考尔的文化现代性批判理论研究：以魏玛写作为中心》，中国社会科学出版社，2016；周秀菊：《詹姆逊文化批判思想研究》，光明日报出版社，2014；寇瑶：《文化批判与审美乌托邦：阿多诺"文化工业"批判理论研究》，中国社会科学出版社，2017。

③ 刘连喜主编《电视批判——我们需要什么样的电视文化》，中华书局，2003；李庚：《女性·历史·消费——当代电视剧的文化批判》，黑龙江大学出版社，2011。

如，以意识形态为焦点，探索"文化研究"视域下意识形态理论的变化过程；以大众为焦点，揭示大众文化分析的演进路径；以现代性为焦点，论述文化的现代性及其悖论；等等。

总的来说，中国学术界通常把人物和学术思想的评价作为西方马克思主义研究的切入点。一方面，西方马克思主义文化批判理论在反驳经济唯物主义错误倾向等方面做出了卓越的贡献。他们关注上层建筑的相对独立性，拓展了文化理论的研究领域，丰富和发展了马克思主义的文化批判理论。另一方面，这种研究又呈现出"去经济学化"的倾向，使得文化批判理论逐渐失去了根基，甚至在一定程度上偏离了马克思主义。

2. 国外研究综述

国外学者同样关注到文化批判理论的"去经济学化"倾向。相关的论文包括：尼古拉斯·加恩海姆《政治经济学与文化研究：和解还是离婚》（"Political Economy and Cultural Studies：Reconciliation or Divorce?"）、劳伦斯·格伦斯伯格《文化研究与政治经济学：有人厌烦了这项争论吗?》（"Cultural Studies vs. Political Economy：Is Anybody Else Bored with This Debate?"）、大卫·莫利《理论正统：文本主义、建构主义和文化研究中的"新民族志"》（"Theoretical Orthodoxies：Textualism, Constructivism and the 'New Ethnography' in Cultural Studies"）、克里斯蒂安·富克斯《马克思与当代传媒文化研究》（"Karl Marx and the Study of Media and Culture Today"）等。相关的著作包括：斯图亚特·霍尔《文化研究及其理论遗产》（*Cultural Studies and Its Theoretical Legacies*）、劳伦斯·格罗斯伯格《文化研究的未来》（*Cultural Studies in the Future Tense*）、班德鲁·罗斯和保罗·史密斯《文化研究———一项对话》（*Cultural Studies: A Conversation*）、《鲁滨孙的足迹：英美文化研究》（*Crusoe's Footprints: Cultural Studies in Britain and America*）、雷蒙德·威廉斯《文化与唯物主义：文选》（*Culture and Materialism: Selected Essays*）、戈尔丁和默多克《文化、传播和政治经济学》（*Culture, Communication and*

Political Economy）、埃文森特·莫斯科《传播的政治经济学》（*The Political Economy of Communication*）、约翰·哈特利《文化与媒体研究的数字未来》（*Digital Futures for Cultural and Media Studies*）、保罗·史密斯《文化研究的回顾与展望》（*Looking Backwards and Forwards at Cultural Studies*）等。

（1）文化主义

佩里·安德森在《西方马克思主义探讨》一书中追溯了西方马克思主义"去经济学化"的"文化主义"倾向形成的实际过程，认为"文化研究的总体趋向恰恰是以反对所谓'经济主义'为起点的，其'去经济学化'的倾向越来越明显"①。法兰克福学派立足于发达工业社会的历史和现状，建构出比较系统的文化批判理论。后现代主义则放弃了整体性的宏大叙事，更多地关注性别、品位、先锋艺术等发达工业社会中常见的文化现象，进而转向了微观文化政治研究。总的来说，西方马克思主义文化批判理论从上层建筑回溯经济基础，深入探索社会变迁和革命运动的实际进程。这种倾向表明，在他们的"问题式"（阿尔都塞语）中，文化逐渐脱离了生产、交换、劳动等经济领域，成为一种纯粹的意识形态。很多理论家据此认为，研究文化，其实就是研究意识形态。

（2）文化与大众

随着生产力的进步和科学技术的发展，大众文化逐渐成为文化批判理论的关注点。这一哲学思潮可以追溯到法兰克福学派。只有在法兰克福学派那里，大众文化研究才真正进入了知识分子的理论视野。霍克海默、阿多诺等人认为，文化工业是统治阶级的经济强权在意识形态层面的反映。文化工业服从于资产阶级的利益，具有明显的意识形态属性，在归根结底的意义上是一种规训手段。现实个人必然沦为丧失了主体意识的单向度的人。由此，大众文化实现了自己的目的，把社会大众异化为消极的、被动的、丧失了革命精

---

① 刘方喜：《批判的文化经济学——马克思理论的当代重构》，河北大学出版社，2013，第57页。

神和阶级意识的惰性集合。英国伯明翰学派进一步丰富了大众文化的研究内容，肯定了大众文化的积极作用，如霍加特的《文化的用途》，威廉斯的《文化与社会：1780—1950》《漫长的革命》，汤普森的《英国工人阶级的形成》，以及英国第二代学者霍尔的《文化研究：两种范式》《电视话语中的编码和解码》，等等。他们都认为，大众文化具有积极的文化价值与社会意义，可以为普通人民争夺话语权提供理论依据。在这一向度下，不少学者指出，也许大众在资本主义文化的渗透下失去了激进的革命意识，但大众在本质上是积极的、自为的、具有反抗意识的主体。除此之外，越来越多的文化研究开始关注大众对文化的形塑作用，比如麦克卢汉的《理解媒介：论人的延伸》。

（3）文化与现代性

梳理文化的发展过程，特别是传统与现代的关系，是探讨文化现代性问题的前提。常见的现代性术语有全球现代性、流动现代性、超现代性、自反现代性、多重现代性、混合现代性、缠混的现代性等。它们不仅反映了社会变革的多重条件，彰显了高度分化的现代意识，而且内含了现代—传统逻辑关系的演进。根据这些术语，我们可以把传统与现代的关系分为三类。首先是全球化的现代性（阿里夫·德里克）、流动现代性（鲍曼）和超现代性（吉尔·利波维茨基）。它们解释了在全球资本主义、个人主义、消费文化盛行的今天，传统回归的必然性，认为传统与现代的关系是对抗的。其次是自反性、第二现代性和世界主义现代性（乌尔里希·贝克）。它们从哲学层面上揭示了现代性结构和原则的基本变化，主张现代性自身会创造性发展传统，要从辩证互动的视角看待传统与现代的关系。最后是多重现代性（卡萨诺瓦、爱森斯塔特、萨克森梅耶）、混合现代性（皮特斯）和缠混现代性（戈兰·瑟伯恩）。它们代表了一种观点，主张对现代性的各种体验具有开放性，强调传统与现代是融合发展的。

（4）文化与经济

越来越多的文化批判理论开始关注文化与经济的关系。正如前面论述的，文化主义盛行的原因、大众文化研究的不同倾向、文化与现代性的关系，是一个问题的不同方面。这些问题在本质上都是文化与社会发展的关系问题，在更深的层次上，也就是文化与政治经济学的关系问题。如果生产力与生产关系结构是社会发展的动力，那么文化在其中扮演怎样的角色？因此，回到文化与经济的辩证关系是发展文化理论的必然要求，这是当代文化研究的热点问题。当前的研究主要集中在文化工业批判理论、文化政策、传播政治经济学等领域，相关的学术著作有伯尔尼德·哈曼的《论文化帝国主义：文化统治的政治经济学》，道格拉斯·凯尔纳的《媒体奇观：当代美国社会文化透视》《媒体文化：介于现代与后现代之间的文化研究、认同性与政治》，托尼·本尼特的《文化、治理与社会》，以及格雷姆·默多克的《研究传媒：媒体和文化分析的指导实践》等。当然我们也关注到一系列关于文化与经济关系的实证研究，这些研究主要是围绕收入与文化消费的关系展开的。较为传统的论证方式是研究经济基础对文化消费的决定作用，认为不同阶层的文化消费是各不相同的。文化消费对经济收入的反作用，或者说，文化消费的变化对未来经济收入的影响，这是一个很有潜力的研究方向，但这部分的研究相对较少。亚伦·李维斯和德弗里斯发表于 2019 年的论文[①]认为，有关文化消费反作用于经济收入的定量证据仍然薄弱。

三　研究思路

1. "西方马克思主义"的含义与本书的界定

"西方马克思主义"并非指向一个明确的地域群体，它是一个不断发展的过程，这一过程包含不同的阶段、不同的流派、不同的研

[①]　A. Reeves and R. de Vries, "Can Cultural Consumption Increase Future Earnings? Exploring the Economic Returns to Cultural Capital," *The British Journal of Sociology* 1 (2019): 214-240.

究内容，但因其总体上具有大致共同的批判主题与思路，而被冠以"西方马克思主义"的总体性称谓。学界基本认为，"西方马克思主义"产生于 20 世纪 20 年代，最初存在于国际共产主义运动内部，指的是一种非正统马克思主义的观点，之后成为一种具有国际影响的社会思潮，总体上经历了从政治经济学批判向文化批判的转向。笔者在介绍"西方马克思主义"概念演进的基础上，试图表明当前学者对"西方马克思主义"的内涵尚未有统一而明确的共识。毫无疑问，文化批判理论勃兴于西方马克思主义，正因此，我们方能对"去经济学化"倾向进行说明，所谓"化"就是指一种影响至今的学术走向，然而不同学者之间的思想互有借鉴、传承和发展，在人物的界定与分类上殊难精准，因此本书所关注的不单是从卢卡奇到英国新左派这一经典的"西方马克思主义"，而且是广义的"西方马克思主义"。

"西方马克思主义"的概念演进主要经历了三个阶段。首先是由科尔施提出的。俄国十月革命的胜利极大地鼓舞了西欧的无产阶级，但频发于西欧的起义与革命均以失败告终，共产国际所推行的"布尔什维克化"的政策并不能改变当时欧洲所面临的状况，如何进一步发展社会主义革命成了当时知识分子必须思考的首要问题。高尔特在《致列宁同志的公开信》中强调，比起服从领袖，更重要的是发展大众的主动精神。他说："德国、匈牙利、巴伐利亚、奥地利、波兰和巴尔干的例子告诉我们，危机和苦难是不够的，在这里有最可怕的经济危机——然而革命却没有到来。还必须有把革命带来的另一个因素，而如果缺乏它的话，革命就流产或失败，这个因素就是群众的精神"，因此，"必须总是以一种唤醒和加强工人的阶级意识的方式去行动和说话"[1]。围绕马克思主义与社会革命相结合这个问题，逐渐形成了两个不同的流派：一派是以考茨基为代表的旧马克思主义正统派与新的俄国列宁主义正统派，另一派是主张社会主

---

[1] 〔荷〕高尔特：《致列宁同志的公开信》，转引自徐崇温《"西方马克思主义"论丛》，重庆出版社，1989，第 3 页。

义革命取决于无产阶级意识的左派，科尔施将后者称为"西方马克思主义"。在《〈马克思主义和哲学〉问题的现状——一个反批判》（1930）中，科尔施认为，西方马克思主义强调社会—历史辩证法，认为只有采取"总体革命"才能获得最终的成功。这一时期的"西方马克思主义"实际上并不是一个地域的概念，而是一种思想倾向，即拒绝经济决定论、推崇总体性辩证法和主观革命论，这种倾向为卢卡奇、科尔施、葛兰西等早期西方马克思主义者所推崇。

梅洛·庞蒂在《辩证法的历险》（1955）中第二次明确提出"西方马克思主义"这个概念。在此之后，"西方马克思主义"作为一种理论范式获得了普遍的认同。作者认为，"西方马克思主义"是以卢卡奇为开端的哲学思潮，卢卡奇与科尔施等人恢复了马克思主义的正统。他将西方马克思主义的内容归结为四个基本方面：第一，突出主体与客体相互作用的辩证法，否认自然辩证法的意义，强调主体的能动作用；第二，强调"意识形态理论"，高扬意识形态的历史作用；第三，重建"实践哲学"，并把阶级意识等同于实践；第四，严格区分自然与历史，注重历史偶然性，宣扬历史相对主义。①在梅洛·庞蒂所处的环境中，暴力革命论在很大程度上失去了指导实践的作用。因此，他没有直接引申出发动社会革命、实现普遍解放的结论。但是，仅仅在学理上追溯马克思主义的发展过程，或者在文化批判的基础上提出某种理论主张，对资产阶级的政治统治尚未构成实质的威胁，最终必然倒向对现存境况的理论辩护。这是马克思在《关于费尔巴哈的提纲》等著述中就看到的问题。可以认为，梅洛·庞蒂的理论在本质上仍然是一种重视存在主义与主观革命论的哲学设想。

西方马克思主义概念的第三次明确提出是在佩里·安德森的《西方马克思主义探讨》（1976）一书中。该书第一章"经典传统的消失"指出，由马克思恩格斯开辟的理论与实践相结合的道路，在

---

① 参见俞吾金、陈学明《国外马克思主义哲学流派新编·西方马克思主义卷》，复旦大学出版社，2002，第423~430页。

拉布里奥拉、梅林、考茨基、普列汉诺夫等人那里，逐渐演化为一种立足于工人运动的指导原则。但是这些理论在西欧等国的社会主义革命中并没有奏效，而是逐渐沦为机械的、教条的政治观念，西欧等国的理论家必须联系本国政党的实际情况，展开一系列全新的理论探索。佩里·安德森将这一系列理论称为"西方马克思主义"。安德森认为，西方马克思主义理论内部可以分为两代人：第一代以卢卡奇、葛兰西等人为代表，第二代则以法兰克福学派、萨特等人为代表。尽管不同学者在理论设计上存在显著差异，但在整体上表现出了共通的倾向：理论与政治实践相脱离。所以，文化批判和文化研究成为西方马克思主义理论创新的突破口。安德森视域下的"西方马克思主义"，不仅是地域概念（主要指西欧的马克思主义者的理论），更重要的是，它代表了从政治经济学研究到文化研究的转向。西方马克思主义从根本上转向了哲学，他们不再关注经典马克思主义的暴力革命理论，而是深入挖掘西方发达工业社会所面临的各种问题，提出了一系列意识形态批判理论。

国内学术界在总结和归纳科尔施、梅洛·庞蒂、佩里·安德森等人观点的基础上，逐渐地接受和认同了"西方马克思主义"这个全新的哲学流派。但是，在如何界定"西方马克思主义"概念这个问题上，依然出现了相当多的争论和分歧。例如，在 20 世纪 90 年代以前，国内学术界主要还是在否定意义上看待西方马克思主义和使用"西方马克思主义"概念；90 年代以后，马克思主义哲学界主要研究西方马克思主义学者对马克思主义哲学的发展，因而聚焦于从卢卡奇到法兰克福学派的"经典西方马克思主义"理论；随着文化研究的兴起，越来越多的学者开始关注英国新左派和后现代主义，"西方马克思主义"概念获得了更为宽广的外延。

总之，随着我国学术界对西方马克思主义人物研究、流派研究、理论问题研究的不断深入，重新理解和界定"西方马克思主义"这个概念成为我们必须解决的理论难题。本书倾向于采用王雨辰教授在《哲学与文化价值批判：解读当代西方马克思主义》中的定义。

在该书中，作者阐述了我国西方马克思主义哲学研究的历史进程，详细分析了"西方马克思主义"概念在认识过程中出现的分歧，认为"所谓西方马克思主义，就是西方的理论家逐渐摆脱教条主义思想的束缚，运用马克思主义理论分析西方社会历史条件，结合本国的文化传统，在探索西方社会主义革命道路和西方人自由和解放过程中形成了哲学理论、革命的战略和策略，而这也构成了西方马克思主义的研究对象"①。这意味着我们对西方马克思主义的界定，主要是强调其特定的思想特征，而不局限于某个特定的地域。正如本·阿格尔在《西方马克思主义概论》中将东欧新马克思主义也视为西方马克思主义的一个流派，本书并没有把"西方马克思主义"局限在卢卡奇到英国新左派的范围之内，而是在广义上理解这个概念。本书在人物界定方面与欧阳谦教授在《文化的转向：西方马克思主义的总体性思想研究》中的观点基本上是一致的。除了早期西方马克思主义者和法兰克福学派，英国新左派和后现代主义者也属于我们讨论的范围。

2. "西方马克思主义文化批判理论"概念界定

批判理论（Critical Theory）通常特指法兰克福学派的理论，本书中显然不是特指，而是指"任何同时是解释性的、规范性的、实践性的和自我反思性的社会理论"②。首先来追溯法兰克福学派所理解的"批判理论"。霍克海默在《传统理论与批判理论》（1937）中提出了"批判理论"和"传统理论"的区分。传统理论是从既成事实出发，主张与现存社会秩序相调和的"顺从主义理论"，因此常被用于专门化的科学，特别是自然科学。批判理论主张破坏一切既定的事实，是一种意图推翻现存社会再生产过程的否定性理论。传统理论只不过是资本主义制度的辩护者，是保守的意识形态产物；批判理论则是要恢复马克思主义批判理论的本质，主张实际地攻击并

---

① 王雨辰：《哲学与文化价值批判：解读当代西方马克思主义》，湖北人民出版社，2004，第21页。
② 赵继伟：《马克思主义意识形态接受论》，武汉大学出版社，2009，第65页。

改变现存的资本主义制度。①

　　当前，批判理论已经不再局限于法兰克福学派，而是指向跨学科的综合研究。各种流行的社会思潮，比如存在主义、结构主义、后结构主义、女权主义、现象学、心理学、生态哲学等，都可以纳入其中。所以我们很难给批判理论下一个明确的定义，它指向的是一个理论"群"，具备以下三个基本特点：第一，拒斥实证主义，力求在本体论和认识论层面挖掘理论的积极意义；第二，力求揭露社会的不平等，致力于促进社会启蒙，以实现个体和社会的解放为目标；第三，把文化工业批判、科学技术批判、启蒙理性批判作为研究重点，展开对发达工业社会中人的现实处境的哲学沉思。

　　本书中的"批判理论"显然不是特指，即不仅是法兰克福学派的批判理论，而是指具有以上所述基本特征的批判理论，因此在不同章节，笔者将针对具体问题援引各种理论给予说明。《政治学辞典》对批判理论的定义也可以帮助我们理解这个问题："对主流的解释性理论反思和批评的理论。包括后现代主义、女性主义、建构主义、解构主义等。……该理论注重通过解释历史及社会的发展和通过探索当代社会的各种矛盾，去认识当代社会的诸核心特征，从而谋求实现对当代社会主导性的超越。同时，批判理论还包括对理论本身的反思，是一种自我反思的理论。批判理论的目的在于通过批判和废除非正义的羁绊，改善整个国际社会的生存环境，是一种致力于人类解放的世界政治理论。"②

　　将文化与批判理论视作两个因素，不难发现二者可以构成两种逻辑关系。

　　首先是从"批判理论"到"文化"的逻辑。批判理论并未局限在经济决定论所规定的范围之内，它以否定资本主义制度为理论旨趣，必然涉及经济、政治、文化等不同因素。例如，鲍德里亚主张

---

① 参见〔联邦德国〕霍克海默《批判理论》，李小兵等译，重庆出版社，1989，第191~217页。
② 王邦佐主编《政治学辞典》，上海辞书出版社，2009，第469页。

的消费社会理论是符号政治经济学理论。在消费社会中，"符号—物"的构造代替了生产性社会中的商品，商品拜物教这个传统的理论工具不能达到对社会现实的把握，它应该为符号—物的能指拜物教所取代。鲍德里亚试图在"符号—物"中寻找能指拜物教的神秘性，这种致思趋向具有文化主义的特征。换言之，人们在符号化的消费社会中为统治阶级的意识形态所统治，只关注自己可以获得认同的文化标记，而忽略了自己在生产关系中的被压迫的地位。作为社会学家和政治哲学家的安东尼奥·内格里提出了"非物质劳动理论"。这是从整体角度探讨劳动在新时代所具有的诸多形式，应该被归结为政治经济学理论。但是他对"非物质劳动"的基本定义实质上已经预设了一种理论立场，即劳动无须与自然发生关系，它可以是纯粹的社会和话语的构造物。很显然，这是一种文化批判的路径。因此，从文化视角分析不同的批判理论，探讨哲学家建构文化批判理论的基本倾向，这也是本书的写作任务。

　　其次是从"文化"到"批判理论"的逻辑，也即通过对文化的分析达到批判社会的目的。对"文化"概念的定义是我们理解这一路径的前提条件。黑格尔等人把文化视为纯粹的精神产物，威廉斯则把文化视为精神与物质共同作用的结果。威廉斯把文化分为三类，即理想的文化、文献的文化和社会的文化。① "文化模式"是对各种社会活动所做的一种选择和构型。在特定的社会中，选择必定会受到各种特殊利益的制约；只有在完整的社会中，文化传统才是对前人活动的结果所作的一种持续不断的选择。但是，威廉斯的"文化唯物主义"设想未能摆脱主观主义的倾向。马克思恩格斯的文化哲学是把文化置于历史唯物主义的理论视域中加以反思。历史唯物主义首先承认物质生产在社会诸关系中的基础地位，它倾向于用一种整体主义的视角追溯人类社会的发展过程。这种倾向在某种程度上回应了卢卡奇的诘难：卢卡奇提出总体性理论或主客体统一的辩证

---

① 参见〔英〕雷蒙德·威廉斯《漫长的革命》，倪伟译，上海人民出版社，2012，第 50 页。

法，试图把人本身确定为历史辩证法的现实基础，但是马克思恩格斯从来也没有脱离人的感性实践活动去谈论外在于人的客观世界。列宁在评价《资本论》时曾说，"马克思并不以这个骨骼为满足，并不仅以通常意义的'经济理论'为限；虽然他完全用生产关系来说明该社会形态的构成和发展，但又随时随地探究与这种生产关系相适应的上层建筑，使骨骼有血有肉"①。总的来说，我们诚然能够以当代典型文化现象为切入点，对资本主义意识形态展开比较系统的批判，但是这种批判必须以历史唯物主义基本原理为依据，否则必将背离马克思恩格斯确立起来的正确路线。

本书所指向的西方马克思主义文化批判理论，主要是西方马克思主义中以文化政治线索为基础的批判理论，显然这是西方马克思主义中的一支而已，西方马克思主义谱系中还有另一支以经济线索为基础的批判理论，它们坚持从生产过程或劳动过程来分析当代资本主义，代表人物有保罗·斯维奇、保罗·巴兰、米歇尔·阿格利塔、阿兰·利比兹等。西方马克思主义文化批判理论摒弃了经济决定论和机械反映论，强调意识、文化、欲望、符号等"非物质"（文化）因素对社会历史发展的能动作用，在开掘文化的能动性历程中最终赋予文化一种普遍的主体性品格，这一历程并非一蹴而就，而是经历了漫长的时间。最终，文化不再指向一种纯粹的浪漫的精神存在，文化不仅能够体现社会存在的整体性，而且能够实现人及其实践的主体性，在此意义上的文化是能动的、历史的、辩证发展的。

3. 西方马克思主义文化批判理论"去经济学化"的三种表现

在确定了本书的研究对象后，笔者发现，西方马克思主义文化批判理论整体上呈现出"去经济学化"的趋势。自 20 世纪 20 年代起，西方马克思主义为了纠正第二国际理论家把人类社会一切现象都还原为经济过程的错误倾向，逐渐形成了主客体统一的辩证法（卢卡奇）、实践哲学构想（葛兰西）、总体性理论（科尔施）、希望

---

① 《列宁短篇哲学著作》，人民出版社，1993，第 9 页。

哲学和乌托邦精神（布洛赫）等不同的理论形态。这种人本主义马克思主义过分地强调了青年马克思的异化理论和实践学说，呈现出泛文化主义的思想特征；但归根结底，西方马克思主义的"去经济学化"只是一种理论倾向，这种倾向并没有在历史发展的实际过程中完全地实现自身。仍然有一些学者坚持马克思恩格斯确立的基本原则，试图在哲学—经济学语境中批判现存的资本主义社会。同时，随着意识形态批判理论逐渐沦为一种纯粹的哲学体系，越来越多的文化研究者强调，我们要反思文化研究与政治经济学批判之间"失去的联合"，不能把文化批判局限在上层建筑的领域。例如，阿尔都塞提出"多元决定"的辩证法，强调历史发展是多元决定的矛盾运动。① 质言之，批判文化主义与重建文化批判理论已经成为理论工作者必须正视的历史任务，由此形成了文化批判理论与政治经济学结合的新的方向。本书以"去经济学化"为理论线索梳理西方马克思主义文化批判理论的发展过程，认为这一过程具有以下三方面的基本特征。

（1）生产方式层面的变革。西方马克思主义文化批判理论从肯定物质生产方式走向研究文化生产方式。这种转变大致可以分成两个阶段。在第一阶段，为了清除物质本体论及经济决定论的消极影响，将历史主体性问题重新安置在马克思主义的理论视域中，西方马克思主义以反思"上层建筑"概念为切入点，强调经济基础—上层建筑这个传统思维范式的局限性，在逻辑上构成了一个黑格尔式的"正—反—合"三段论。人本主义的马克思主义反对庸俗的经济决定论和历史宿命论，关注无产阶级的阶级意识，批判现实个人在资本主义生产方式中陷入普遍物化的悲惨境地，强调人的主体性在历史发展进程中的能动作用。这一理论范式的主要代表人物是卢卡

---

① 阿尔都塞说："经济的辩证法从不以纯粹的状态起作用；在历史上，上层建筑等领域在起了自己的作用以后从不恭恭敬敬地自动引退，也从不作为单纯的历史现象而自动消失，以便让主宰一切的经济沿着辩证法的康庄大道前进。无论在开始或在结尾，归根结底起作用的经济因素从来都不是单独起作用的。"（〔法〕路易·阿尔都塞：《保卫马克思》，顾良译，商务印书馆，2016，第90~91页）

奇、科尔施、葛兰西等人。科学主义的马克思主义反对高扬个人主体性和创造性的人本主义立场，运用"结构因果性""多元决定论"等理论工具来理解和剪裁社会活动和历史进程，但也在客观上导致了对人作为历史主体的创造本性的否认。这一理论范式的主要代表人物是德拉-沃尔佩、科莱蒂和阿尔都塞等人。威廉斯跳出了主体—客体、经济基础—上层建筑等二元对立的静态模式，以总体性辩证法为视角，开创了文化唯物主义理论，认为文化具有物质与精神的双重属性。由此，文化的物质性进入了当代话语的中心环节。

在第二阶段，西方马克思主义文化批判理论的关注点开始转向文化与物质生产的辩证关系。例如，鲍德里亚提出，文化的意义并非起源于经济生产领域，而是产生于消费领域（米歇尔·德·塞托把它称为"二次生产"）。内格里认为，在发达工业社会，非物质劳动逐渐取代物质劳动，成为主要的社会形式和价值来源。非物质劳动的兴起必然导致"生产工人"概念的变革。马克思提出了"总体工人"的概念："产品从个体生产者的直接产品转化为社会产品，转化为总体工人即结合劳动人员的共同产品。总体工人的各个成员较直接地或者较间接地作用于劳动对象。因此，随着劳动过程的协作性质本身的发展，生产劳动和它的承担者即生产工人的概念也就必然扩大。"① 贝尔在《后工业社会的来临》中指出，在后工业社会中，必须在广义上理解"工人阶级"的概念。传统意义上的"工厂工人"开始萎缩，经理、行政管理人员、工程师等群体实际上也被纳入了资本主义的生产关系之中。由此可见，文化与物质生产的关系也是文化批判理论重点关注的理论问题。

总的来说，从肯定物质生产方式走向研究文化生产方式本来是对文化理论的拓展，但如果将马克思主义理解的物质生产完全限定在文化层面，将争论的中心从经济基础转移到上层建筑领域，那么，原本激进而彻底的政治思潮必然在这种象征性的语境中被完全地消解。这是因为，马克思主义以现实的人和物质生产关系为理论基石，

---

① 《马克思恩格斯全集》第 44 卷，人民出版社，2001，第 582 页。

使现存世界革命化的政治实践必须触及资本主义生产关系这个核心问题。部分西方马克思主义者把改变现实的革命斗争限制在文化或意识形态批判领域，将社会上普遍存在的阶级压迫仅仅归结为知识或自然能力的差异，试图通过文化抵抗这种抽象实践实现劳动者的自我解放。不难看出，这种做法并没有触动资本主义制度的实质与核心，仍然是对现存资本主义制度的辩护。文化批判理论必须要在生产力—生产关系、经济基础—上层建筑的理论范式中安置自身的意义。

（2）主体层面的变革。西方马克思主义文化批判理论经历了从经济主体到文化主体的转变。问题的核心在于，我们如何理解人。这一转变过程可以分为三个阶段。在第一阶段，马克思主义把人的本质理解为一切社会关系的总和，变革现存世界的实践活动是我们理解马克思主义人学的非常重要的切入点。经济状况不是阶级产生的唯一因素，但是阶级的产生首先是由于经济原因，其次才是政治原因。马克思根据现实个人在物质资料生产方式中的不同地位，把人划分为不同的阶级，资产阶级和无产阶级的矛盾是资本主义社会的主要矛盾。

在第二阶段，马克思主义关于无产阶级可以实现全人类普遍解放的观点遭到了质疑。这种倾向主要存在于发达工业社会。例如，马克思在《资本论》中主张，工资是由工人及其家庭的需要来决定的；但是雷蒙·阿隆提出，西方国家中工资水平的提高已经驳倒了这一事实。阿隆进一步认为，靠薪金过活的工人所属的阶级（无产阶级）在实际上是并不存在的；处在经济学和哲学两种不同语境中的"无产阶级"之间不可避免地存在差距。[1] 阿隆的观点或许有商榷的余地，但不管怎么说，在发达资本主义国家中，与无产阶级主体性普遍失落相对应的，是"去阶级化"特征的滥觞与勃兴，西方马克思主义者必须重新寻找实现全人类普遍解放的根本动力。

———————

[1]　参见〔法〕雷蒙·阿隆《知识分子的鸦片》，吕一民等译，译林出版社，2012，第69、64页。

　　夏莹、谢廷玉认为，在马克思那里，创造历史的主体是依照经济地位和在分工中所处的不同位置形成的阶级；而在萨特的理论中，个体才是历史主体，他们可以在任何范围内形成群体，而无须以阶级为行动的单位。作者把萨特的理论称为个人本体论，指出在对阶级的处理上，萨特的确是"背离"了马克思主义的。① 事实上，在西方马克思主义发展进程中，确实存在一种从阶级转向大众的倾向。对大众的分析，主要包括两条路径：一是法兰克福学派的文化工业批判理论。认为在发达工业社会中，"阶级"将为"大众"所取代，资产阶级在文化领域创造出同经济关系相适应的意识形态，这种大众文化使无产者逐渐失去了阶级意识与斗争精神，沦为了无条件地认同资本主义意识形态的"单向度的人"（马尔库塞语）。工具理性消解了劳动者自由自觉的对象性活动，在表面上，商品生产和消费的过程掩盖了不同阶级在权力和财富上的真正差异。二是费斯克的大众文化理论。费斯克认为，尽管大众受到了资本主义的统治和压迫，但大众并不是被动的、消极的客体，而是运用各种方式反抗这种强制性力量的积极大众。因此，大众文化不是文化工业的产物，而是由大众创造的，它是一个斗争的场所。

　　第三阶段实际上是一个合题。斯图亚特·霍尔的文化身份理论试图超越阶级叙事的传统框架，认为话语或文化才是现代主体构建的核心要素。霍尔认为，区别不同身份的东方/西方、野蛮/文明、黑人/白人、现代/传统等标准，同那种依据资本主义生产关系划分不同阶级的做法，在本质上是一致的。身份是在特殊的历史时期中产生的；除此之外，它还出现在特殊的权力形态的演绎中，由此成为"差异与排他的标记的产物"，而不是"同一的、自然构筑的统一体的标志"②。霍尔的文化身份理论并没有取得预期的效果。我们

---

① 夏莹、谢廷玉：《萨特与卢卡奇之辩：萨特转向马克思主义的思想契机》，《当代国外马克思主义评论》2022 年第 2 期。
② 〔英〕斯图亚特·霍尔：《导言：是谁需要"身份"？》，〔英〕斯图亚特·霍尔、〔英〕保罗·杜盖伊编著《文化身份问题研究》，庞璃译，河南大学出版社，2010，第 5 页。

不难发现，文化身份理论的归宿不过是用身份差异掩盖阶级差异，为资本主义剥削制度的合理性提供论证。

（3）意识形态层面的变革。马克思主要把意识形态理解为和经济形态相对应的范畴。本书在广义上使用"意识形态"这一范畴，认为反映经济形态的意识形态理论和反映文化形态的意识形态理论都是观念上层建筑的重要组成部分。马克思认为，只有在现实的社会关系中才能理解"意识形态"的概念。马克思在阐述历史唯物主义基本原理的过程中，提出了与构成社会的经济结构有关的意识形态理论。为了与 Ideologie（掩盖阶级利益的一切思潮）区分开来，马克思还使用了"Bewutseinsformen"（反映经济形态的意识形态之全体）和"Ideologischen Formen"（作为上层建筑的意识形态之部分）两个概念。总的来说，西方马克思主义文化批判理论从反映经济形态的意识形态理论逐渐转变为文化的意识形态理论。

这一时期的意识形态研究大致可以分为两类：一是将意识形态理解为变革现存世界的政治问题，而不是仅在认识论上探究其真实的内涵。例如，卢卡奇、葛兰西等早期西方马克思主义者高度关注意识形态革命问题，即试图在资本主义社会中唤醒无产阶级的阶级意识，生产出一个作为整体的无产阶级，实际地攻击并改变现存社会的物化结构。二是法兰克福学派的意识形态批判理论。法兰克福学派认为，在发达工业社会中，统治者按照自己的需要创造出同自身阶级关系相适应的意识形态，使无产阶级逐渐失去了对现存社会的超越维度和批判维度。例如，哈贝马斯提出，在现代社会中，作为第一生产力的科学技术同时沦为一种新的统治形式。科学技术意识形态虽然不同于传统的政治意识形态，但依然能够为统治阶级提供合法性，同样具有意识形态的异化性质和统治功能。"因为现在，第一位的生产力——国家掌管着的科技进步本身——已经成了统治的合法性的基础。［而统治的］这种新的合法性形式，显然已经丧失了意识形态的旧形态。"①

　　我们在前面提到，马克思区分了三种意识形态：作为一定历史阶段产物的意识形态；代表时代精神的意识形态；对虚假意识进行批判的意识形态。但是，随着"文化"和"意识形态"外延的不断扩大，不同意识形态之间的界限越来越模糊。当代西方学者，特别是伯明翰学派和后现代主义思潮，倾向于把"意识形态"和"文化"看作含义相近的范畴。布尔迪厄把"惯习"看作资本主义意识形态发挥作用的重要方式；威廉斯则提出了"情感结构"的概念，试图把唯物主义扩展到文化实践中。文化、意义、语言的构造物服务于统治阶级的现实过程成为西方马克思主义者研究的重点内容。一方面，意识形态是通过电影、电视、广告等大众媒介建构出来的，它导致劳动者逐渐失去了一种整体主义的视角，这就是作为历史主体的无产阶级的阶级意识以及对整个资本主义制度的批判精神。另一方面，齐泽克提出犬儒主义意识形态，认为：当代社会中的个人实际上认识到了资本主义意识形态的本质，但他们作为原子化的个体，并没有能够实现普遍的联合，因此倾向于避免对这种虚假意识的反抗。总之，如果意识形态研究仅仅停留在对资产阶级的文化批判，那么它与任何一种为现存辩护的理论体系就不存在什么实质的差别。只有深入探究社会意识形态影响个人观念的实际过程，才有可能真正地推翻资本主义的统治结构。

四　研究脉络

　　绪论主要介绍选题背景、选题价值以及国内外学者的研究现状。通过梳理"西方马克思主义"的发展历程，说明我们对这个概念应该从思想倾向上加以把握，而不是把它看作一个地理上的范畴。西方马克思主义文化批判理论的主要特征在于，从政治经济学研究转向文化批判。本书关注的重点内容是这个理论群在总体上呈现出来

---

① 〔德〕哈贝马斯：《作为"意识形态"的技术与科学》，李黎等译，学林出版社，1999，第68~69页。

的"去经济学化"倾向，这可以说是我们展开文化批判理论研究的"支援背景"（张一兵语）。

第一章介绍西方马克思主义文化批判理论从肯定物质生产方式走向研究文化生产方式的理论转型。为了清除经济决定论的消极影响，把历史主体性问题放在马克思主义发展脉络中加以考察，西方马克思主义者从"上层建筑"概念出发，强调经济基础—上层建筑这一传统思维框架的局限性。威廉斯以总体性辩证法为切入点，开创了"文化唯物主义"理论，让文化的物质性问题进入当代话语中心，实现了文化理论的创新。在这个基础上，西方马克思主义文化批判理论把关注点转向文化与物质生产的辩证关联。有的学者提出了对恩格斯自然辩证法和列宁唯物主义的诘难，认为"物质生产""生产方式""阶级斗争"等传统思维范式具有自身难以克服的理论弱点。他们从这个前提出发，赋予符号和文化生产以普遍的意义，企图用文化主义的理论工具根本上颠覆历史唯物主义的思维框架。但是，否认物质生产的基础性地位，把文化本身扭曲为一种自我封闭的实践，把社会不平等的根源归结为知识或自然能力的差异，并试图通过文化抵抗的象征性实践推动人的普遍解放，这实际上只是资本主义制度的自我修正。

第二章介绍西方马克思主义文化批判理论从经济主体向文化主体的转变。阶级首先是一个经济的概念。马克思主义政治经济学把阶级看作统治结构的关键。但是，随着工人阶级主体观的失落，以及资本主义社会中"去阶级化"现象的兴起，部分西方马克思主义者不再关注政治经济学视域下的经济主体，而是把"个体"或"大众"当作研究的重点。这部分学者也不能完全摆脱阶级叙事这一传统的理论框架。受这种思维范式的影响，"大众"仍然是一个被资本主义意识形态操纵的群体，或者是一个充满民粹主义色彩的群体。斯图亚特·霍尔的文化身份理论则完全脱离了阶级色彩，把话语或文化身份视作现代主体构建的核心要素。尽管从经济主体到文化主体的转变开拓了文化研究的新领域，但是文化身份理论的归宿仍然是话语主义。也就是说，对主体的话语体系的建构不可避免地导致了对社会—经济因素的忽略，它实际上掩盖了主体身份逐渐形成的过程。这种理论没有看到资产阶级对剩余价值的无偿占有，反而用身份差异掩盖了社会经济运动中的阶级差异，对资本主义剥削制度采取了一种直观的态度。

第三章介绍西方马克思主义文化批判理论从反映经济形态的意识形态理论向文化的意识形态理论的转变。经典马克思主义运用"经济分析"和"阶级分析"的方法深入探讨了社会发展的普遍规律，但是有关"文化分析"的理论相对薄弱；毋宁说，马克思恩格斯指明了意识形态或文化分析的基本原则，即必须在现实个人和社会历史的辩证关联中理解意识形态。卢卡奇的总体性范畴标志着西方马克思主义的诞生。在卢卡奇看来，阶级意识能够在现实的经济过程中看到社会结构的统一性。法兰克福学派则看到了法西斯主义的兴起和发达工业社会的变化。他们力图从社会心理学和文化社会学的角度揭露发达工业社会的文化操纵，这也是对卢卡奇主体性范畴的继承和发展。本章重点分析了非经济学视域下文化与意识形态理论的融合。西方马克思主义试图在思想文化领域解决社会实践及政治斗争的现实问题，从政治经济学批判转向了政治文化学批判。这个转变过程表明，文化或意识形态不能被看作物质活动的投射物，它是社会实践的重要组成部分。

第四章强调恢复文化批判理论与政治经济学之间失去的联合。我们无法回避文化与经济的关系这一根本问题，也无法回避经典马克思理论与文化批判理论之间的互相借鉴。在此基础上，本章重点分析了道格拉斯·凯尔纳的媒介文化工业批判理论、格雷厄姆·默多克的传播批判政治经济学理论与托尼·本尼特的文化政策研究理论。这些理论试图开辟一条全新的路径，重建文化批判理论与政治经济学研究的理论同盟。同时，本章重申了马克思文化批判理论的基本原则，认为马克思在揭示文化与社会发展关系的过程中科学地把握了文化发展的自身规律。文化批判理论不应局限于文化自身，而应放在更为宏观的视野中去理解。重建历史的辩证法毕竟不能脱离物质生产，否则无法准确地说明文化和人的真实内涵。文化批判理论与政治经济学的联合任重道远，但毫无疑问的是，我国社会发展仍然必须把马克思主义作为指导思想，实现马克思主义哲学、马克思主义政治经济学和科学社会主义的有机统一。

西方马克思主义文化批判理论并未触及资本主义私有制本身，这种"去经济学化"倾向必须得到彻底的反思。构建与我国经济基础和政治制度相适应的意识形态是建设社会主义文化强国的本质要求。新时代中国特色社会主义文化是实现政治经济学研究和文化批判理论联合的新道路。建设社会主义文化强国既要坚持全面协调可持续发展战略，满足人民日益增长的美好生活需要，还要进一步发挥精神文明的引领作用。在国家治理体系与治理能力现代化的历史进程中，必须促进物质文明与精神文明的相辅相成，实现人民自由而全面的发展。这是我们这一代理论工作者必须正视的历史任务。

第一章

从肯定物质生产方式走向研究文化
生产方式

西方马克思主义理论重心从"经济"转向"文化",一方面是为了清除物质本体论和经济决定论的消极影响,另一方面是为了寻求西方社会的变革路径和斗争策略。早期西方马克思主义者抛弃了恩格斯、列宁等人的自然辩证法和唯物主义思想,肯定以意识形态为核心的文化斗争是推动社会变革的关键,试图在经济基础与上层建筑的争论中重新肯定文化的能动性,对文化生产及其机制的探讨成为新的研究方向,但对物质生产方式的肯定是隐含在对文化能动性挖掘的进程中的。换言之,在对经济基础与上层建筑关系的争论中,他们恢复了上层建筑的能动性,但并未抹杀经济基础的先在性。文化生产能够体现人类活动的主体性和能动性,但它毕竟要受制于经济生产及阶级斗争的现实进程。

但在威廉斯之后,一批后马克思主义学者抓住"物质生产"和"生产方式"的理论弱点,赋予符号与文化生产普遍意义,试图用文化逻辑改造历史唯物主义的叙事框架。值得注意的是,文化生产理论正是通过将文化本身形式化为一种自我封闭和自我理解的实践,使文化与物质、劳动、经济、阶级等因素完全分离开来,这实际上只是将资本主义劳动者与生产资料完全分离的制度缺陷转移到上层建筑领域,资本主义的固有危机并不会得到解决。客观上说,西方马克思主义文化批判理论丰富了马克思主义文化理论，但将文化与劳动、经济等要素完全分离开来也促使当代马克思主义学者重新审视政治经济学与文化批判理论联合的问题。

第一节 缘起：反思经济基础/上层建筑模式与经济决定论、还原论

一 马克思恩格斯对"经济基础与上层建筑"理论的阐释

"经济基础""上层建筑"是马克思恩格斯历史唯物主义思想中的重要概念，但是他们并没有撰写专门的著作对这两个概念进行论述。关于"经济基础"与"上层建筑"关系的相关内容散见于马克思恩格斯不同时期的作品中，这也导致了"经济基础"与"上层建筑"关系理论的争议，所以在特殊的历史境遇中形成了片面注重经济基础的经济决定论以及认为文化只有反映经济基础作用的还原论。

（一）马克思有关经济基础与上层建筑关系的论述

1.《莱茵报》和《德法年鉴》

学界常认为"经济基础""上层建筑"进入马克思的视野是始于《〈政治经济学批判〉序言》，最早可以追溯到《莱茵报》时期，尤其是集中在《评普鲁士最近的书报检查令》和《关于林木盗窃法的辩论》两篇文章中。事实上，"经济基础""物质利益"进入马克思的视野可以追溯到他的少年时期，马克思的故乡特里尔是当时德国工业与资本较发达的地区，因此对马克思而言，流浪汉、无业游民、犯罪事件是屡见不鲜的，帕多佛（Saul K. Padover）在《马克思传》中写道："除非他（马克思）麻木不仁或眼瞎耳聋才不会被自己的生活与成长环境，即深重的生活苦难和残酷的经济不平等的现实所影响。"[1] 因此，可以肯定的是，对于"物质利益""不平等"

---

[1] Saul K. Padover, *Karl Marx*, New York: McGraw-Hill, 1978, p. 26.

"经济基础"等问题的思考早早就在马克思心中埋下了种子。

在《评普鲁士最近的书报检查令》以及《关于林木盗窃法的辩论》中，马克思从贫民阶层视角出发，认为正是特权阶层对人民利益的践踏与掠夺使得人民的生活更加悲苦，国家不过是统治阶级合法化实行掠夺和占有的工具，省议会本质上也是特权阶层（私人利益）的维护者。所谓出版自由也只是表面的平等，其本质是当局对人民的压制和对思想的侵犯，新书报检查令是资产阶级获取思想文化利益诉求的手段，其目的是合法化对大众思想文化利益的剥削。基于此，马克思明确提出"人民理性""人民意识""人民意志"等概念，认为无论是国家形式还是国家法律，都应与人民的利益相一致。换言之，无论是国家法律还是人民意志，都不是抽象的理性，而是与现实的人相关联。进一步地，马克思反思黑格尔的"国家与市民社会"理论。在《黑格尔法哲学批判》中，马克思的"基础"概念具体指的是"市民社会"，他认为不是国家制约和决定市民社会，而是在经济关系、财产关系基础上形成的市民社会决定了国家。也就是说，黑格尔是根据个人的理性来构想国家，但真正的国家是社会历史发展的存在物，是存在于现实社会和人们的实践活动中的。因此，马克思强调"不是根据基督教社会的本质，而是根据人类社会的本质来判定各种国家制度的合理性"①，"邦法是建立在理智的抽象上的，这种理智的抽象本身是无内容的"②。基于以上论述，我们基本可以确定，马克思理论的最初阶段"基础"是对应黑格尔的"市民社会"的，"上层建筑"对应的是黑格尔的"国家""法"等概念。马克思并未明确地解释"经济基础""上层建筑"，此刻对于基础与上层建筑的探索是相对于批判黑格尔法哲学而言的，因此，仅仅是历史唯物主义理论的萌芽。

2.《1844 年经济学哲学手稿》和《神圣家族》

"经济基础与上层建筑"关系理论的雏形主要见于《1844 年经

---

① 《马克思恩格斯全集》第 1 卷，人民出版社，1995，第 226 页。
② 《马克思恩格斯全集》第 1 卷，人民出版社，1995，第 316~317 页。

济学哲学手稿》和《神圣家族》中。在《1844 年经济学哲学手稿》中，马克思以异化劳动为核心，通过研究私有制与异化劳动的关系，认为所谓资本就是积累的异化劳动，这当然也是马克思资本概念的第一重含义。马克思认为正是对他人劳动及其产品的私有权与支配权，才形成了无产阶级以及阶级剥削，资本是一种生产关系，实质是雇佣与被雇佣的关系，这是马克思资本概念的第二重含义。马克思认为，"整个所谓世界历史不外是人通过人的劳动而诞生的过程"①，随着社会分工的进一步发展，失去生产资料的劳动者靠出卖自己的劳动力谋生，占有生产资料的少数人靠雇佣工人获利，资本家将典型的交换价值（货币）转让给工人，资本与劳动的交换促使具有生产资料所有权的资本家为谋取利益而对工人剩余劳动进行无偿占有，进而资本主义社会生产关系得以建构，资本实质上是剥削关系，这是马克思资本概念的第三重含义。随着马克思对人的对象化力量以及异化现象的批判，他指出资本对于剩余价值的追求是资本的本质规定性，资本主义的生产过程一方面带动了整个社会生产的巨大发展，另一方面也带来了社会经济结构的失衡与被剥削阶级的壮大与反抗，从而为进入更高级的社会形态准备了物质条件和主体条件。在此意义上，"宗教、家庭、国家、法、道德、科学、艺术等等，都不过是生产的一些特殊的方式，并且受生产的普遍规律的支配"②。至此，我们可以看到，马克思的"基础"概念开始具有了明确的经济内涵，即从劳动的概念入手阐明剥削与被剥削的阶级关系，而"上层建筑"则从原来的国家、法的概念扩展到了更丰富的意识层面。

如果说，《1844 年经济学哲学手稿》提到的"生产劳动"仍然带有理想化的性质，那么，《神圣家族》则把"生产方式"视作新世界观的理论基石。海德格尔指出，"卡尔·马克思完成了对形而上

---

① 《马克思恩格斯全集》第 3 卷，人民出版社，2002，第 310 页。
② 《马克思恩格斯全集》第 3 卷，人民出版社，2002，第 298 页。

学的颠倒"①。这里所说的形而上学，指的是包括黑格尔哲学在内的传统本体论哲学或先验思辨哲学。马克思揭露了青年黑格尔派的主观唯心主义，指出思辨哲学在认识论上的根源就在于颠倒个别与一般的关系。这种从一般构造具体事物的思辨哲学与上帝创造万物的神学观念在本质上是同一的。更重要的是，马克思明确提出，物质生产是历史的发源地。鲍威尔否定群众作用的思辨唯心主义是完全错误的看法。"难道批判的批判以为，只要它把人对自然界的理论关系和实践关系，把自然科学和工业排除在历史运动之外，它就能达到，哪怕只是初步达到对历史现实的认识吗？难道批判的批判以为，它不把比如说某一历史时期的工业，即生活本身的直接的生产方式认识清楚，它就能真正地认清这个历史时期吗？"② 历史是追求着自己的目的的人的活动，离开现实存在而谈论历史的做法必定是虚幻的。人与人的社会关系也必须从物质生产关系的角度来理解。马克思在《神圣家族》中用物质生产解释现实的人的感性联系。不难发现，"生产的社会关系"这一历史唯物主义的基本原则已经呼之欲出了。但马克思在这一时期提出的经济基础与上层建筑关系原理仍然只是一种理论雏形。

3. 《德意志意识形态》和《路易·波拿巴的雾月十八日》

"经济基础与上层建筑"关系的明确阐释成形见于《德意志意识形态》与1859年《〈政治经济学批判〉序言》中。在《德意志意识形态》中，市民社会的定义被分为三个层次。其一，市民社会是社会发展到一定阶段的物质关系的总和；其二，是一定社会的经济结构；其三，这种结构是受生产力制约的生产关系的总和。也就是说，所谓"基础"是指物质生产力和与物质生产力相对应的生产关系，二者共同构成的经济结构，就是现实的基础。同时，在《德意志意识形态》中，马克思恩格斯也第一次使用了"上层建筑"概念："市民社会这一名称始终标志着直接从生产和交往中发展起来的

① 〔德〕海德格尔：《面向思的事情》，陈小文等译，商务印书馆，1996，第60页。
② 《马克思恩格斯文集》第1卷，人民出版社，2009，第350页。

社会组织，这种社会组织在一切时代都构成国家的基础以及任何其他的观念的上层建筑的基础。"① 但是他们又强调："因为国家是统治阶级的各个人借以实现其共同利益的形式，是该时代的整个市民社会获得集中表现的形式，所以可以得出结论：一切共同的规章都是以国家为中介的，都获得了政治形式。"② 可见此处，将"上层建筑"做了"政治上的上层建筑"与"观念上的上层建筑"之分，并强调国家和观念上的上层建筑存在共同性，即政治性。这也可以返回到"基础"概念的萌芽期，马克思在《莱茵报》时期就强调统治阶层对人民精神文化的戕害，也正是基于此，"上层建筑"在西方马克思主义那里更多地朝意识形态研究的方向发展了，但事实上马克思在此处对于国家的强调是基于黑格尔的"国家与市民社会"理论的进一步对比与发展的，显然将"上层建筑"直接等同于意识形态实际上只是发展了马克思"上层建筑"概念的一个层面。

对于上层建筑灵活性的关键表述见于 1851~1852 年写成的《路易·波拿巴的雾月十八日》："正统王朝不过是地主世袭权力的政治表现，而七月王朝则不过是资产阶级暴发户篡夺权力的政治表现。所以，这两个集团彼此分离决不是由于什么所谓的原则，而是由于各自的物质生存条件，由于两种不同的财产形式；它们彼此分离是由于城市和农村之间的旧有的对立，由于资本和地产之间的竞争。当然，把它们同某个王朝联结起来的同时还有旧日的回忆、个人的仇怨、忧虑和希望、偏见和幻想、同情和反感、信念、信条和原则，这有谁会否认呢？在不同的财产形式上，在社会生存条件上，耸立着由各种不同的，表现独特的情感、幻想、思想方式和人生观构成的整个上层建筑。"③

我们可以看出，在1859年《〈政治经济学批判〉序言》中马克思固然强调物质的基础作用，但他从来没有说，经济因素是唯一的

---

① 《马克思恩格斯选集》第 1 卷，人民出版社，2012，第 211 页。
② 《马克思恩格斯文集》第 1 卷，人民出版社，2009，第 584 页。
③ 《马克思恩格斯选集》第 1 卷，人民出版社，2012，第 695 页。

决定的因素，相反，我们在《路易·波拿巴的雾月十八日》、在马克思"经济基础"与"上层建筑"关系的整个理论发展史中应当看到的是在不同的时期、在不同的理论阶段，马克思不断地完善二者关系的理论，所要指明的是我们的研究从来不应该片面地强调某一层含义，而是应该寻求"经济基础""上层建筑"不同层面的意义之间的复杂关系。也正是基于此，漫长的东西方马克思主义发展史中的各学者的学说是充满价值的。

（二）恩格斯对"经济基础""上层建筑"理论的系统化

恩格斯对经济基础与上层建筑关系的论述集中体现在《反杜林论》与晚年书信中，其目的是反对部分理论家把马克思主义庸俗化和教条化的理论倾向。经济决定论把经济因素看作推动社会发展的唯一因素。恩格斯明确反驳了这种观点，认为经济关系的决定作用只有通过人们自觉能动的活动才能实现，马克思主义历史决定论既不是机械决定论，也不是意志自由论。在这个基础上，恩格斯系统阐述了经济基础与上层建筑的辩证关系。恩格斯的系统表述主要见于 1890 年 9 月 21 ［—22］日致约瑟夫·布洛赫的信中。"……根据唯物史观，历史过程中的决定性因素归根到底是现实生活的生产和再生产。无论马克思或我都从来没有肯定过比这更多的东西。如果有人在这里加以歪曲，说经济因素是唯一决定性的因素，那么他就是把这个命题变成毫无内容的、抽象的、荒诞无稽的空话。"①恩格斯明确肯定物质资料生产在整个社会关系中的基础性地位。现实生活的生产和再生产不仅创造了空前丰富的生产资料和生活资料，同时把资产者和无产者的阶级对立关系生产出来。毫无疑问，恩格斯并没有把经济基础与上层建筑理解为截然对立的范畴。庸俗马克思主义把一切都还原为经济，没有看到经济基础和上层建筑之间的复杂关系。这种倾向显然背离了马克思恩格斯的基本原则。

倘若以上的材料尚且不足以消除某些论者的疑虑，那我们不妨

---

① 《马克思恩格斯文集》第 10 卷，人民出版社，2009，第 591 页。

援引这段话：

> 经济状况是基础，但是对历史斗争的进程发生影响并且在许多情况下主要是决定着这一斗争的形式的，还有上层建筑的各种因素：阶级斗争的各种政治形式及其成果——由胜利了的阶级在获胜以后确立的宪法等等，各种法的形式以及所有这些实际斗争在参加者头脑中的反映，政治的、法律的和哲学的理论，宗教的观点以及它们向教义体系的进一步发展。[①]

在历史发展过程中，上层建筑的各种因素同样发挥着无法取代的作用。恩格斯提出"历史合力论"，认为推动历史发展的决定性力量是现实个人的意志的集合。这与葛兰西的实践哲学有相似之处。葛兰西认为，马克思主义是一种反宿命论的行动理论，它强调的是集体意志，而不是客观规律。"客观的总是指'人类的客观'，它意味着正好同'历史的主观'相符合，这就是说，'客观的'意味着'普遍地主观的'。"[②]

恩格斯与保尔·巴尔特（Paul Barth）的论战鲜明地体现出反对经济决定论的理论倾向。卡尔·波普尔（Karl Popper）不同意经济对政治具有相对优先性，认为这只是一种政治无能性的稻草人理论（straw-man theory）。波普尔明确表示："不应该承认，经济权力可以支配政治权力；如果必要的话，经济权力应该受政治权力的打击和控制。"[③]巴尔特受到这一思想的影响，认为历史唯物主义只承认纯粹生产、技术的决定作用，否认非经济因素对历史运动本身的推动作用。恩格斯反驳了巴尔特的这一误解："如果巴尔特认为我们否认经济运动的政治等等的反映对这个运动本身的任何反作用，那他就简直是跟风车作斗争了。他只需看看马克思的《雾月十八日》……

---

① 《马克思恩格斯文集》第10卷，人民出版社，2009，第591页。
② 〔意〕葛兰西：《实践哲学》，徐崇温译，重庆出版社，1990，第139页。
③ 〔英〕卡尔·波普尔：《开放社会及其敌人》第2卷，郑一明等译，中国社会科学出版社，1999，第201~202页。译文有改动。

或者看看《资本论》，例如关于工作日的那一篇……再说，如果政治权力在经济上是无能为力的，那么我们何必要为无产阶级的政治专政而斗争呢？"①

二 经济决定论、还原论的形成及影响

马克思、恩格斯逝世后，马克思主义遭到了某些学者的曲解。事实上，马克思曾通过明确表示"我只知道自己不是马克思主义者"来讽刺社会上对他的学说进行任意曲解和标榜的做法。在马克思主义实际的传播过程中，尤其是在传统的唯心主义观念与马克思历史唯物主义观念的较量中，"经济基础"与"上层建筑"关系理论被放大，加之理论家不同学术背景以及理论水平的差异，最终导致了对"经济基础"与"上层建筑"关系理论理解的极端化，形成了经济决定论、还原论。这一论断造成了深远的影响，以卢卡奇为开端的整个西方马克思主义理论历史不啻为对片面决定论的反驳史。当然，经济决定论、还原论并不是朝夕而就的，而是在"片面强调经济基础"与"过分夸大上层建筑"的批判与反批判的争论中，最终由时代原因、个人原因等促成了前者的胜利地位。

（一）拉法格：经济唯物主义

拉法格的马克思主义观是在实践中形成与发展的。在国际共产主义活动中，拉法格坚定马克思主义的信念，同巴枯宁主义的阴谋活动、蒲鲁东主义、改良主义、伯恩施坦主义和资产阶级意识形态作了坚决的斗争，因此，他的思想很多是从批判某一观点的视角出发。也正是基于特殊的历史时期，拉法格强调了经济基础的作用，但忽略了上层建筑的复杂性，拉法格并非庸俗的经济决定论者，他只是主张人类的任何活动都应溯源经济环境，但是拉法格的思想显然在一定程度上推动了经济决定论、还原论的形成。

拉法格认为，马克思之前的哲学家把历史发展的动因归结于神、

① 《马克思恩格斯文集》第 10 卷，人民出版社，2009，第 600 页。

上帝、理性或绝对精神，错误地对待了物质和意识的辩证关系。这种唯心主义观点无法科学地解释社会历史的发展进程。在《唯心史观和唯物史观》《思想起源论》等著述中，拉法格对饶勒斯的正义、博爱等观点提出了批评。饶勒斯将人类的进步归结为先验理念，认为对先验的道德理想的追求才促使人们去谋求进入更高的社会阶段。饶勒斯甚至想调和唯物主义和唯心主义，认为"对立面的综合、借助合理的和理想的同一性"就可以"找出经济唯物主义和历史发展的唯心主义理解的基本的调和"①。但饶勒斯的这种观点只是满足于从认识论层面理解社会历史，这是从头脑中产生世界的主观唯心主义做法。拉法格认为，饶勒斯的思辨神学观念仍然停留在对外部世界的感性直观，并没有在自然环境和社会环境的基础上理解我们所处的现实世界，更不可能为改造世界的感性实践活动奠定坚实的基础。

拉法格在历史唯物主义的基础上创造性地提出了两种环境的理论。"人生活在双重的环境里：在宇宙的环境或自然的环境里和在经济的或他们自己所创造的人为的环境里。这两种环境的共同的作用和反作用决定人和人类社会的进化。"②自然的环境强调人在外部世界面前的被动性和受制约性，人为的环境则体现出主体面对外部环境的积极性和创造性。前面说过，拉法格的理论具有论战的性质。两种环境理论直接服务于拉法格有关阶级斗争的主张。在拉法格看来，共产主义是人类社会的第一种经济形式。在近代社会中，形成了资产阶级和无产阶级两个彼此对立的阶级。无产阶级必须在政治上层建筑中确立起自身的统治地位。只有彻底消灭资本主义剥削制度，才能实现全人类的普遍解放。

我们可以尝试对拉法格的思想做出评价：教科书体系把拉法格直接看作经济决定论者，这种说法当然没有问题，但我们首先要明

---

① 〔法〕拉法格：《唯心史观和唯物史观》，王子野译，三联书店，1965，第29、31页。
② 《拉法格文选》上卷，人民出版社，1985，第168页。

确，拉法格首先是一个革命家，其次才是一个理论家。拉法格对饶勒斯的批判固然是有缺陷的，这种局限性主要体现在对经济因素的片面强调。拉法格在反驳唯心主义历史观的过程中，把马克思的历史观称为经济唯物主义，强调经济在归根结底的意义上是推动社会历史发展的决定性力量。一切意识形态和思想观念都是对经济关系的反映。"人类社会的民事的和政治的制度、宗教、哲学体系和文学都是植根于经济环境里。它们在经济的土壤里获得自己盛衰的因素。"① 可以认为，对马克思历史观的经济主义的解释并不是拉法格理论中一以贯之的主题。拉法格不是一个庸俗的决定论者，但他在反驳唯心史观的过程中确实具有经济决定论的思想特征。

（二）普列汉诺夫："五项论"与经济还原论初貌

普列汉诺夫的马克思主义观经历了三个阶段。第一个阶段是马克思主义观的初步形成，以《社会主义与政治斗争》为代表作；第二个阶段是坚定地捍卫历史唯物主义并且丰富和发展马克思主义理论，以《论一元论历史观之发展》为其思想成熟的代表作；第三个阶段是动摇期，即在正确的马克思主义观和错误的马克思主义观之间不断摇摆，以至于普列汉诺夫采取了同布尔什维克尖锐对立的立场，对当时的俄国无产阶级事业造成了严重的危害。出现这一现象的原因是经典理论和革命实践的张力。在当时的第二国际中存在两条截然不同的路线。萨松指出："一条是列宁和卢森堡发现的道路，这就是通过群众罢工或革命战争来加快资本主义的崩溃；另一条道路就是伯恩施坦所设想的，既然资本主义可以进行自我调整并继续发展，所以在可预见的未来，它的崩溃不会到来。"② 毫无疑问，普列汉诺夫也处在这种苦闷和彷徨的境地：通过革命战争打碎旧的国家机器，还是寄希望于资本主义制度的自我调整？可以认为，普列汉诺夫在政治上站在了与布尔什维克截然不同的立场。列宁主张在

---

① 〔法〕拉法格：《唯心史观和唯物史观》，王子野译，三联书店，1965，第 39 页。
② 〔英〕唐纳德·萨松：《欧洲社会主义百年史——二十世纪的西欧左翼》（上），姜辉等译，社会科学文献出版社，2013，第 30 页。

俄国发动无产阶级社会主义革命，无产阶级可以在夺取政权之后再创造建设社会主义所必需的条件。普列汉诺夫坚决反对在落后的俄国发动社会主义革命。在他看来，俄国应当首先支持资产阶级革命，等到资本主义发展成熟之后再发动无产阶级革命。"我国工人阶级为了自己和国家的利益还远不能把全部政权夺到自己手中来。把这样的政权强加给它，就意味着把它推上最大的历史灾难的道路，这样的灾难也会是整个俄国的最大灾难。"① 也正是由于普列汉诺夫马克思主义观的逆转，弗里契、彼列威尔泽夫等自称是代表了"普列汉诺夫的正统"的马克思主义者在文学批评的领域放大了普列汉诺夫的理论弱点和错误点，形成了经济还原论，对俄国以及其他国家的文学创作和文学理论产生了长久且非常负面的影响。

《论一元论历史观之发展》是普列汉诺夫理论水平的最高峰。列宁曾评价该书培养了一整代的俄国马克思主义者。在该书中，普列汉诺夫通过分析 18 世纪的法国唯物主义、复辟时代的法国历史学家、空想社会主义和德国唯心主义的一元论观念的形成历史，表明马克思的伟大科学功绩在于实现了对唯物主义与唯心主义的双重超越，通过对象化的、矛盾的、辩证的、历史的方式解决了"环境决定意见"还是"意见决定环境"的问题。显然，物质生产实践是人的存在方式和本质活动的发现是历史唯物主义的关键。也正是在此意义上，普列汉诺夫多次引证和解释马克思《关于费尔巴哈的提纲》中的绝大部分命题，高扬实践范畴在马克思主义哲学体系中的重要地位。普列汉诺夫进而揭示了辩证唯物主义的认识意义和实践意义，并根据它的基本原理分析了 19 世纪末俄国的社会问题和经济问题。这一时期的普列汉诺不仅反驳了修正主义的错误倾向，而且拓宽了历史唯物主义的基本范畴，创造性地诠释了马克思哲学革命的本质精神。

在肯定经济因素的基础作用之后，普列汉诺夫对"经济基础"

① 〔俄〕普列汉诺夫：《在祖国的一年：一九一七——一九一八年言论文集》，王荫庭、杨永译，三联书店，1980，第 464 页。

与"上层建筑"关系理论的发展初现经济还原论端倪。他首先肯定了经济基础对上层建筑的直接作用:"生产力发展的任何特定阶段必然引起社会生产过程中人们的一定的集合,也就是一定的生产关系,即整个社会的一定的结构。而一旦有了社会结构,就不难理解这结构的性质一般说来会表现在人们的全部心理上,表现在他们的全部习惯、风尚、感觉、观点、意图和理想上。"① 接着,他开始陈述"上层建筑"的作用:"习惯、风尚、观点、意图和理想必然要适应人们的生活方式,适应他们的谋生方式。社会的心理始终符合社会经济的目的,始终适应社会的经济,始终由社会经济所决定。"② 普列汉诺夫提出了"社会心理"理论,认为社会意识分为社会心理和思想体系,前者是后者的基础,所谓社会心理,是指在特定时期、特定民族或阶级、阶层中间普遍流行的、自发产生的日常意识,思想体系则是系统化的、由知识分子、统治阶层等加工改造过的社会意识。这一段话简单来讲就是:经济基础决定上层建筑,上层建筑必须符合经济基础,否则就会灭亡。也正是由于这样的基本观点,普列汉诺夫对孟什维克的分裂活动采取了退让妥协的政策,转向抨击布尔什维克革命,认为在俄国搞社会主义革命是梦话,列宁的《论无产阶级在这次革命中的任务》是在完全脱离现实革命形势的情况下写成的③。从根本上来说,普列汉诺夫固守经济决定论,所以认为俄国的经济没有发展到社会主义的阶段,只能被动地等待革命的自然发生。

这种观念在《马克思主义基本问题》中得到了进一步程式化的描述,也就是普列汉诺夫著名的"五项论":"如果我们想简短地表达马克思—恩格斯关于现在著名的'基础'对同样著名的'上层建筑'的关系的观点,那么我们就会得到如下的几项:(一)生产力的状况;(二)这种状况所制约的经济关系;(三)在特定经济'基

---

① 王荫庭编《普列汉诺夫读本》,中央编译出版社,2008,第91页。
② 王荫庭编《普列汉诺夫读本》,中央编译出版社,2008,第91页。
③ 参见〔俄〕普列汉诺夫《在祖国的一年:一九一七——一九一八年言论文集》,王荫庭、杨永译,三联书店,1980,第17页。

础'上生长起来的社会—政治制度；（四）部分由经济直接决定，
部分由生长在经济之上的全部社会—政治制度决定的社会人的心理；
（五）反映这种心理的属性的各种思想体系。"① 这种划分很容易让
人产生错觉，即每一项之间是直接的缘起关系，而所有关系归根结
底是由经济发展的进程所决定的。这种观念也影响了普列汉诺夫的
文艺论，他认为："无论何种形态的艺术、何种民族的艺术、何种时
代的艺术，归根到底都是受经济基础的制约的。"② 这种观点显然影
响了 20 世纪 20 年代苏联的文艺理论，所谓还原论就是指一种文学
现象对应一种经济状况，而这种还原论后来进一步僵化发展了。

三　西方马克思主义理论轴心从"经济"转向"文化"

从总体上来说，西方马克思主义开启了马克思主义研究从政治
经济学转向文化政治学、从实证科学转向哲学批判、从辩证唯物主
义转向历史唯物主义的理论变革之路，当我们溯源这种变革，就会
发现西方马克思主义的兴起并非一种偶尔现象，而是基于社会的现
实变化。

"经济决定论"对于社会历史发展缺乏足够的解释力。社会主义
运动在经济条件落后的俄国获得成功，却在发达的欧洲国家接连遭
受失败，"卡夫丁峡谷"的跨越迫使人们思考经济基础是不是社会变
革的唯一要素。同时，德国纳粹的兴起使意识形态研究进入人们的
视野，尤其一战后消费社会的形成以及大众文化的迅猛扩张都表明：
在现代性背景下，文化意识形态统治取代过去直接的暴力统治成为
影响西方社会发展的强力手段。当传统的以经济和政治活动为基础
建立的社会革命模式不足以成为历史发展规律性和科学性的尺度时，
只有将文化或意识因素纳入社会历史解释体系中，才能解决历史研
究中关于规律和目的、主体与客体、基础与意义等核心问题，才能

---

① 王荫庭编《普列汉诺夫读本》，中央编译出版社，2008，第 215~216 页。
② 复旦大学中文系文艺理论教研室编著《马克思主义文艺理论发展史》，中国文联
　出版社，1995，第 116 页。

在新的历史条件下为推动历史唯物主义发展提供重要的建构性理论资源。

社会主义阵营的衰落与资本主义阵营的兴盛。在第二次世界大战中，欧洲大陆形成了社会主义与资本主义两大阵营对抗的局面，但在二战之后的二十年发展中，苏联和东欧的社会主义国家在经历了一系列危机和调整后，经济发展非常缓慢，相反，资本主义阵营中的一些欧洲国家，在整个先进的工业化世界中实现了资本主义在历史上的第一次稳定与持续的发展，该时期成为资本主义历史上扩张最迅速、最繁荣的时期。[①] 相应的，革命主体无产阶级的革命意识由于资本主义福利社会的影响日益衰退，斗争性与革命性几乎丧失例如伯恩施坦明确反对马克思所阐述的资本主义经济危机必然导致革命的观点，认为资本主义经济在其运行过程中仍然具有强大的自我调适的能力。"无产阶级作为雇佣工人的整体是一个现实，无产阶级作为按一致看法而行动的阶级，甚至在德国在很大程度上还是虚构。"[②] 概言之，资本主义内部一系列的改良措施催生了福利国家与富裕社会，在资本主义社会内部进行社会主义革命条件显然未成熟，如何提升无产阶级革命意识成为亟待解决的问题，与意识相关的文化研究是对社会历史认识的多元需求和复杂性的必然回应。

通过暴力消灭资本主义不符合历史发展规律。马克思恩格斯早年目睹了英法等国异常尖锐的劳动矛盾和先后发生的工人武装起义，一度认为资本主义制度难以为继，主张用暴力消灭资本主义。但革命失败后，尤其到了 19 世纪 80 年代，马克思结合资本主义发展的新特征强调："一个社会即使探索到了本身运动的自然规律——本书

---

① 1947 年至 1957 年，美国的实际国民生产总值增长了 45%，在随后的 10 年中又增加了 48%（参见〔美〕马丁·费尔德斯坦《转变中的美国经济》上册，彭家礼等译，商务印书馆，1990，第 2 页）。作为战败国的德国在第二次世界大战中遭受了非常惨重的经济损失：1946 年德国国内的工业生产能力，仅有 1936 年的 33%（参见〔德〕迪特尔·拉夫《德意志史》，中文版，慕尼黑，1985，第 341 页）。但是联邦德国很快建立起社会市场经济制度，在 50 年代，联邦德国的经济进入了一个持续、高速发展的时期。

② 《伯恩施坦文选》，殷叙彝编，人民出版社，2008，第 88 页。

的最终目的就是揭示现代社会的经济运动规律——，它还是既不能跳过也不能用法令取消自然的发展阶段。但是它能缩短和减轻分娩的痛苦。"① 资本主义社会的生产力发展不是完全由暴力掠夺造成的，也就不能简单用纯粹的暴力消灭，只有生产力发展到一定高度时才能为社会主义取代资本主义创造条件。

就马克思主义理论本身而言，马克思的历史唯物主义是由历史辩证法和历史理论两部分组成的。历史辩证法是骨架，历史理论是内容。要使资本主义作为一种社会形态得以呈现，就必须展开政治经济学批判，因此政治经济学批判构成了马克思历史辩证法的感性形式，但并非唯一角度。马克思很少涉及的"历史研究中难以捉摸的文化和意识的因素"② 自然成为历史辩证法试图解决的遗留问题，这既是马克思晚年所着重关注但待解决的疑难，也是西方马克思主义文化研究开启的源头，文化的合理性及其历史书写仍旧需要更新的理论和术语进行解释。

一战之前的马克思主义理论家，通常会直接投身于各种类型的社会主义运动。他们使教学与研究服务于现实的社会斗争，彻底贯彻了"无情地批判现存的世界"的基本原则。但是二战以后，西方马克思主义不再直接地关注经济或政治问题。佩里·安德森将这一转变称为"形式的转移"。他提出，"马克思主义理论实际上已经完全转移到了大学——既是外界政治斗争的避难所又是流亡地"③。安德森进一步分析了出现这种现象的原因，认为："促使马克思主义理论的主要中心由经济学和政治学转向哲学、并使它的正式场所由党的集会转向学院系科的外部决定因素，是和这段时期的暗淡历史分不开的。"④ 青年马克思曾经深入探讨"哲学的世界化"和"世界的

---

① 《马克思恩格斯选集》第 2 卷，人民出版社，2012，第 83 页。

② Georg G. Iggers, *Historiography in the Twentieth Century*, Middletown：Wesleyan University Press, 1997, p. 2.

③ 〔英〕佩里·安德森：《西方马克思主义探讨》，高铦等译，人民出版社，1981，第 66 页。

④ 〔英〕佩里·安德森：《西方马克思主义探讨》，高铦等译，人民出版社，1981，第 66 页。

哲学化"、"消灭哲学"和"实现哲学"的辩证关联，但是卢卡奇、马尔库塞、阿多诺等西方马克思主义者都无一例外是大学教授。① 在这个意义上，西方马克思主义可以说是一部阶级斗争的遗忘史。"西方马克思主义思想家们在著作中直接讨论阶级斗争中心的问题的，葛兰西是最后一人。然而，从分析生产方式本身的运动规律这一经典意义来说，他的著作也没有论述资本主义经济本身。……西方马克思主义典型的研究对象，并不是国家或法律。它注意的焦点是文化。"② 如何发展历史唯物主义的文化问题成为西方马克思主义者所要面对的共同课题，他们聚焦于经济基础与上层建筑的辩证关系，试图通过恢复文化的能动性来说明"非经济因素"在历史进程中的重要性。西方马克思主义转向文化批判既是对西方社会现实问题的理论回应，也是对马克思主义经典学说的继承和发展。

第二节　西方马克思主义文化批判理论开掘文化能动性的进程

一　历史主动性的哲学反思

理论与实践的落差促使西方马克思主义知识分子思考经济决定论的合理性。由卢卡奇开启的从哲学视角探讨和确立马克思主义辩证法，形成了西方马克思主义的基本理论走向。卢卡奇通过对经济决定论的拒斥、对资本主义物化现象和物化意识的批判、对总体性范畴和历史辩证法的恢复，表达了一种将无产阶级的革命意识作为革命关键力量的革命观，强调了人的主体性与文化的解放，一定程

---

① 葛兰西并不属于这个行列。我们在这里的讨论侧重于对西方马克思主义本质精神的把握。可以说，以卢卡奇总体性理论为滥觞的西方马克思主义，经过了存在主义的马克思主义、弗洛伊德主义的马克思主义、结构主义的马克思主义等不同流派的发展，在很大程度上已经倒退为一种哲学。当然，哲学和科学的关系问题是一个很大的问题，这并不是我们在这部著作中所要讨论的主要内容。

② 〔英〕佩里·安德森：《西方马克思主义探讨》，高铦等译，人民出版社，1981，第96页。

度上恢复了马克思对历史主动性的哲学反思。从文化意义上讲，卢卡奇引领了西方思想史上左翼的社会批判理论潮流，开 20 世纪新马克思主义文化批判之先河。[①]

俄国十月革命的成功、欧洲社会革命的失败使马克思主义知识分子思考如何消除战争、如何消除异化、如何实现人类的自由。就当时理论状况而言，主要分成两派：一派以第二国际理论家为主，他们主张对经典马克思思想进行科学主义、实证主义、自然主义的阐释，或将马克思主义等同于经济主义，在方法论上否定黑格尔哲学对马克思主义的重要影响，逐渐偏离马克思主义的总体性范畴与哲学方法论；另一派以欧洲传统的唯心主义为本质，主张浪漫主义的反资本主义文化批判，主张从个人与社会分裂、社会情感淡化、商品拜物教等异化角度分析现实问题。

在这样的背景下，卢卡奇重新阐释了马克思的辩证法，提出回到马克思主义的总体性的辩证法，认为只有重思黑格尔哲学与马克思主义之间的联系，以主体性和总体性思考主体与客体之间的相互作用才能消除实证主义和经济还原论的消极影响。卢卡奇认为，正是第二国际理论家只停留在经验事实，放弃了总体性的辩证法，才最终导致了社会主义运动在思想上的片面化与实践上的被动化。

卢卡奇对资本主义的分析始于商品。如果说在原始社会，人与人之间只有偶然的物物交换，随着社会分工的进一步发展产生了局部商品经济，那么，到了现代资本主义工业社会，商品经济就已经成为支配社会的主导力量，物不仅成为人的主宰，也遮蔽了人与人的关系，卢卡奇称这种现象为"物化"。事实上，卢卡奇的物化理论是西方马克思主义批判资本主义共同的武器，在此意义上，《历史与阶级意识——关于马克思主义辩证法的研究》才被奉为西方马克思主义的"圣经"，从萨特、阿尔都塞到哈贝马斯，都受到卢卡奇物化理论的影响。需要特别说明的是，不少学者在对卢卡奇的物化理论与马克思的物化理论、异化理论对比中，批评卢卡奇的物化理论没

---

① 参见周穗明《20 世纪西方新马克思主义发展史》，学习出版社，2004，第 43 页。

有以劳动、物质资料生产为起点，只是以发达商品经济的复杂结构作为出发点，而使其理论具有局限性。这自然是正确的评价。但本节主要强调的是卢卡奇对于历史主动性哲学反思的推进，因此如果以总体性的辩证法为基础考量卢卡奇的物化理论，那么卢卡奇对于扭转经济决定论、开拓马克思"上层建筑"领域理论空间则具有莫大的功绩。

由于要以总体性的辩证法考察物化现象，所以卢卡奇在《历史与阶级意识——关于马克思主义辩证法的研究》中花费了将近三分之一的篇幅来阐释物化现象的客观方面和主观方面。就客观方面而言，所谓"物化"就是人们追求、崇拜自己创造出来的商品。首先，随着社会分工的不断精细化和产业化，人们创造出的劳动产品逐渐脱离其原形态，工作也越来越外在于个体工人并与工人的个性没有关系，工作似乎是一种独立的、客观的自我生命。其次，生产、交换、分配、消费构成了一个由物主宰的世界，这个世界有自己独特的运行规律，不以人的意志为转移。就本质而言，这其实是韦伯的合理性思想，即整个资本主义社会就是工具理性指导下，丧失人的主体性、可量化、可计算的社会。就主观方面来说，所谓"物化"指"人自己的活动，人自己的劳动，作为某种客观的东西，某种不依赖于人的东西，某种通过异于人的自律性来控制人的东西，同人相对立"①。这与马克思的异化理论相似，强调人身不由己，人变成了商品，主宰人的是物化法则，无论人是否愿意，他都必须服从这个机械系统的规律。至此，卢卡奇分析了资本主义的物化现象，即劳动者本身的物化、人与人关系的物化以及人的意识的物化。

如何消除物化呢？卢卡奇最终诉诸阶级意识，其原因有两点。第一，马克思的落脚点在物质生产资料，因此通过物质生产资料的对象化关系可以说明物质生产实践是人的存在方式和本质活动，进而说明资本主义社会中劳动的本质是剥削、占有的社会关系，由此

---

① 〔匈〕卢卡奇：《历史与阶级意识——关于马克思主义辩证法的研究》，杜章智等译，商务印书馆，1999，第47页。

指明只有消灭资本主义社会私有制才能实现人的自由与解放。但是卢卡奇的出发点始终是发达的商品经济的复杂结构，这就决定了卢卡奇很难从哲学上解决理论与实践、主体与客体的关系，自然生产关系就被排除于卢卡奇视野。卢卡奇认为资本主义的物化，最根本的是主体的物化，只要主体觉醒，物化就会消失，由此卢卡奇走向了人本主义道路，强调对人的主体性与历史性的发掘。第二，要从总体性的辩证法视角消除物化，就必须考量从主体到客体，再从客体到主体的否定之否定的历史进程。卢卡奇认为黑格尔的错误之处在于没有从历史内部找到这个同一的主体—客体，所以只能依靠自我意识消除主客对立，而马克思超越黑格尔的地方在于马克思在现实的历史中找到了这个同一的主体—客体，即无产阶级的存在及其历史作用。"无产阶级宣告迄今为止的世界制度的解体，只不过是揭示自己本身的存在的秘密，因为它就是这个世界制度的实际解体。"① 显然，无产阶级既是受苦、被动、异化的客体，又是要冲破这种包围而达到主体的自觉的主体，所以在卢卡奇看来无产阶级就是推动历史发展的同一的主体—客体，那么无产阶级的意识就可以作为推动社会发展的思想动力，于是他提出了一种作为总体性意识形式的"阶级意识"概念，并认为无产阶级的意识能实现对现实的超越。

但是，无产阶级的革命意识在资本主义商品经济与意识形态的摧残下失去了其本身的力量，如何唤醒主体？卢卡奇认为无产阶级必须寻找一种中介性的范畴才能在相互关系中实现把握总体性的诉求，从而唤醒主体自觉，认识到自身对社会与历史的重要作用。卢卡奇提出了"心理的阶级意识"和"灌输的阶级意识"两个概念。前者是指由日常经验意识所构成、带有物化意识特征、不能认识到总体的意识；后者指对社会现实与历史进程的理性反思，是与经验的阶级意识相对的辩证的、总体的阶级意识，它克服了物化意识的直观性、分裂性、僵化性，可以将无产阶级的自身利益与历史的发

① 《马克思恩格斯全集》第3卷，人民出版社，2002，第213页。

展目的结合起来。由此，卢卡奇认为所谓政治斗争的历史也就是经济斗争的历史，通过经济层面的改变，最终可以实现人类的共同解放，灌输的阶级意识是真正能够把握住社会历史发展内在脉搏的意识，但是这种总体性的阶级意识显然不能自发产生，而是有赖于外在灌输，即由革命的知识分子将先进的认识传输到无产阶级的大脑当中。如果没有被灌输的先进的阶级意识，这就意味着社会变革不能发生，也就意味着只能是英雄造时势，这一逻辑其实同黑格尔的思想逻辑是一致的，这实际上还是把社会历史发展问题变成了一个自我意识问题。

　　卢卡奇将总体性范畴视为马克思主义理论的核心，主张关注无产阶级的革命意识，批判工具理性和消费主义带来的现实异化，强调人的主体性与文化的解放，一定程度上恢复马克思主义的哲学维度，从而有效反对了庸俗经济决定论和阶级决定论。但是卢卡奇显然将辩证的哲学方法与实证的哲学方法完全对立起来，给马克思的辩证法披上了历史主动性的方法外衣，这遮挡不住他思想深处的浪漫主义和主观主义与黑格尔主义立场。这种对无产阶级革命意识的宣扬，对人的主体性及文化的解放重视，影响了整个西方马克思主义发展，比如葛兰西为了激发革命意识，主张必须把群众或普通人的意识引向更高的知识层面，这有赖于知识分子和教育体制的变革；布洛赫的希望哲学则试图通过勾连马克思主义与宗教，将共产主义构想为在尘世建立天国"尚未意识"，赋予一切无意识革命与批判的功能。再如霍克海默的批判理论，提出要通过对大众文化的批判，建立新的审美哲学，使人们从欺骗的、虚假的、被操控的状态中走出来。又如阿多诺，坚持把音乐与社会关联起来，认为音乐具有拯救力量；马尔库塞的爱欲解放论，用爱欲来解释和说明人的幸福。简言之，对于人的主体性张扬的辩护进一步在萨特的存在主义那里得到延续，并经由列斐伏尔深入日常生活研究中。但后期对这种对主观意识的推崇因为法西斯极权主义的暴虐而受到广泛批判，正如威廉斯所说，"他所反对的那些趋势都朝向某种新的客观的唯物主义的时候，它本身却单单变成了一种新的唯心主义"①。

二　社会发展多元决定论

20世纪五六十年代，卢卡奇、葛兰西等开启的人本主义马克思主义在西欧蔚然成风。"科学主义马克思主义"通过强调"决定性的条件""结构统一体中不可避免的复杂性"反对对人主观能动性的过分看重，认为"主体""自我"不过是意识形态的虚构，占据它位置的实际上只是一个拥有社会生产身份的社会存在。这一理论范式的主要代表是法兰克福学派。自由何以变成极权，历史理性何以成为非理性，进步何以成为倒退，霍克海默认为是因为在历史的这一时期，人们忘却了批判的维度，"以科学技术作为自己理论确认之基础的启蒙精神便与市场体系、极权制度结合在一起，最终成了自由与理性的相反面"②。当文化与资本主义经济市场相结合，按照技术理性组织起来的资本主义社会生产过程就是一个充斥着技术合理化目的的意识形态过程，而不是人的目的实现的过程。阿多诺进一步强调文化消费是一种被动的缺失批判力的过程，是以促进大众消费为目的，无论是大众的思维、审美还是行为方式都是被操控的，目的都是促进资本主义经济的发展，因此大众的地位并未得到提升，仍然是被剥削被算计的对象。

沿着霍克海默和阿多诺所开辟的社会批判路径，路易·阿尔都塞拒斥片面经济决定论或人本主义，通过对结构主义以及毛泽东《矛盾论》的吸收，认为一切矛盾在历史事件中都是以多元决定的矛盾出现的，"在每个社会形态内部，不平衡不仅以简单的外在形式而出现（经济基础和上层建筑的相互作用），而且以社会总体的每个因素、每个矛盾的有机内在形式而出现。真正的马克思主义从不把各因素的排列、每个因素的实质和地位一劳永逸地固定下来，从不用

① 〔英〕雷蒙德·威廉斯：《马克思主义与文学》，王尔勃、周莉译，河南大学出版社，2008，第78页。
② 陈胜云：《廓清文化批判的理论误区》，《上海行政学院学报》2002年第1期。

单一的含义去确定它们的关系"①。尽管阿尔都塞并没有对经济的
"最后"决定作用做出令人信服的解释，但从单元决定论向多元决定
论的转变，意味着对具有历史相对性生存境遇和实践的真实复杂的
肯定，这为恢复和科学地认识马克思主义理论提供了思想空间。

　　阿尔都塞使用结构主义方法，通过对马克思、黑格尔思想历程的辨
析，建构起自己的"多元决定论"（surdétermination）。事实上，"多元决
定论"一词的翻译是有争议的。俞吾金认为应该将"surdétermination"
翻译为"超越决定"，蓝江则援引欧巴迪的观点认为应将其翻译为
"超定"，胡大平、刘怀玉等在自己的作品中则使用"过度决定"这
一翻译。笔者认为在《保卫马克思》中，阿尔都塞"多元决定论"
概念本身是含义模糊的，要在汉语当中找到完全准确的对应词实为
困难。因此，笔者按照大多数学者的习惯，将"surdétermination"翻
译为"多元决定论"，认为其所表示的核心含义是：反决定论的立场
（经济决定论与人本主义倾向），即反对将任何一个因素单独拿出来
去解释历史作用，强调在社会发展的错综复杂的矛盾中，各种不同
的因素是交织在一起发挥作用的。马克思在《资本论》第二版跋中
写道："在他那里，辩证法是倒立着的。必须把它倒过来，以便发现
神秘外壳中的合理内核。"② 阿尔都塞认为，"颠倒"在马克思那里
只是一种象征意义或者是比喻性的手法。传统马克思主义认为所谓
"颠倒"就是直接反转是不正确的，要用症候阅读法，读出文本隐藏
的深层结构。在阿尔都塞看来，马克思对黑格尔辩证法的根本颠倒
在于改造辩证法的结构，在此基础上，阿尔都塞延伸了基于辩证法
的多元决定论。多元决定论阐释至少有三层含义。

　　（1）多元决定过程中结构要素的多元性。在黑格尔那里，哲学
的世界史"是一种具体的普遍东西，是各个民族的一种精神原则和

---

① 〔法〕路易·阿尔都塞：《保卫马克思》，顾良译，商务印书馆，2016，第 182 页。
② 《马克思恩格斯选集》第 3 卷，人民出版社，2012，第 879 页。

这种原则的历史"①。所以世界历史的舞台上真正的主角从来不是外在的各民族，也不是现实过程中的各种复杂现象。即便人类社会看上去是由政治、经济文化等因素决定的，但事实上这些因素都是作为有机总体的、能动的绝对精神的反映。尽管黑格尔的世界历史充满了矛盾，也在不断地制造新的矛盾，但是所有的矛盾不过是理性显现自身的特殊形态之一，都不过是为了展示其本质的特殊环节，因此黑格尔的多元矛盾实际上是虚假的，"一元决定"才是其真实内涵。在马克思看来，现实绝不是内在性的精神。马克思在接触事物本身与真实的历史中，发现了被意识形态所遮蔽的崭新的现实，通过对物质劳动生产、实践的说明发现了真实的复杂的历史和事实本身，即结构要素的多元性。

在阿尔都塞看来，事物具有极大的复杂性，阿尔都塞援引结构主义的观点认为马克思的总体是一种具有多元素、多结构但统一的、复杂的整体，在多结构中内含多要素。例如，物质资料生产要素和意识形态要素构成一个结构，物质资料生产要素包括经济要素、政治要素、地理要素等，客观的物质资料构成物质资料生产要素，而经济活动当中的生产、分配、消费环节之间又存在结构关系。在这种结构性的总体当中，各种矛盾具有差异性，彼此性质和地位并不均等，但是它们总体构成一个复杂的整体。

（2）多元决定过程中要素结构的多元性。在肯定社会历史发展存在诸多要素的基础上，阿尔都塞认为多元要素还构成了多元结构。所谓多元决定绝不仅仅指多元要素，还体现在多元要素所构成的结构是多元的。阿尔都塞提出"结构性因果观"来作为自己新的方法论前提，他认为在过去历史上主要存在的是线性因果观和表现因果观两种解释社会历史的结构观：线性因果观源自伽利略、笛卡儿，受到了考茨基、布哈林的推崇，强调一个因素对另一个因素的决定作用，其思想来源是本质与现实的对立，前者为因，后者为果，认

①　〔德〕黑格尔：《世界史哲学讲演录：1822—1823》，刘立群等译，商务印书馆，2015，第 20 页。

为社会结构中的各要素在时间上具有线性关系，线性因果关系注重局部的关系，认为整体是由部分组成的，但无法说明各部分彼此之间的相互关系与整体性；表现因果观则强调自然界中的一切事物的存在都是有目的的，这种目的分为外在的最终目的和内在的最终目的。外在的最终目的指一个事物的存在是为了其他事物，而内在的最终目的指某一事物的存在是为了自然而然达成和完善自己，如黑格尔的绝对精神。显然，马克思的历史唯物主义是对这两种因果观的超越，由此在分析多元决定的时候就必须考虑到各结构之间的复杂的辩证法关系。

阿尔都塞认为："在马克思主义的社会形态概念中每一种东西都是结合在一起的；一种要素的独立永远都不过是整体依赖的形式；而且差异在交互作用是受到归根到底起决定作用的统一体所支配。"① 社会是一个复杂的整体，由多样化的要素构成，各要素之间有独特的构成模式。首先，这些模式处于不断的发展变化之中。其次，不同结构、不同矛盾的相互作用中又分为主要矛盾和次要矛盾，主要矛盾又存在主要方面和次要方面。例如经济基础与上层建筑，一开始经济基础起决定作用，但随着生产的发展和进步，经济基础与上层建筑在相互适应中不断做出改变，在某些条件下，政治或文化要素也会处于主导地位，所以，经济基础与上层建筑是一个相互作用、整体的统一体。从本质上来看，某一决定作用有时会通过经济、政治或文化等要素交替的方式表现出来，但这绝不意味着部分就可以决定整体，而是要从过程中、从整体的视角看待事物的发展。换言之，当产生新的事物的时候，我们对于新事物的理解必须置于历史的、整体的观念之下，新事物并不是产生于单一的或多个因素、结构，而是整体的、历史的作用下的产物。

（3）多元决定过程中矛盾运动的多元性。阿尔都塞强调，科学把握社会矛盾冲突中的不平衡性规律，就必须正确对待主要矛盾和

① 〔法〕路易·阿尔都塞（阿图塞）：《自我批评论文集》，杜章智等译，台北远流出版事业股份有限公司，1990，第214页。

次要矛盾以及矛盾的主要方面和次要方面的关系。在社会有机体中，经济基础、政治制度、意识形态等因素均发挥着推动历史发展的作用。矛盾在统一体的运作过程中会受到各种因素的影响。矛盾既决定着社会结构的各个方面，同时又为各种因素所决定，因此在本质上具有多元决定的特征。正如阿尔都塞所说，"如果你严谨地看待马克思主义的整体和它的不平衡性，你一定取得这种不平衡性必然是反映在矛盾的多元决定（over-determination）和不足决定（under-de-termination）上面的这一结论"①。

阿尔都塞运用结构主义的方式驳斥片面决定论，批判人道主义的马克思主义思潮。我们需要注意到，阿尔都塞提出了多种因素对历史进程的共同决定作用，但他并没有否认经济的决定作用，这就使其多元决定论存在无法克服的内在矛盾，即经济决定与多元决定之间的自相矛盾，米·凯莱在《现代法国马克思主义》中对此表示："阿尔都塞所正确地攻击的经济主义，产生于对经济决定作用的过分简单化，但是，阿尔都塞在抨击经济主义时，却站到了全然否定经济决定性作用的危险上面去了。"② 阿尔都塞的多元决定体现在我们对于具体历史的解读层面，但阿尔都塞的多元决定论毫无疑问是发展了马克思的历史唯物主义的，它是我们真正超越机械决定论，从而探寻历史唯物主义真相的中间环节。

三　文化唯物主义

威廉斯跳出主客二元、人文科学二元、基础上层建筑二元的静态模式，以总体性辩证法为视角，开创了"文化唯物主义"理论，赋予了文化物质与精神双重属性，引导文化的物质性进入当代话语中心。威廉斯对文化概念的整体把握，一方面结束了自康德以来的

---

① 〔法〕路易·阿尔都塞（阿图塞）：《自我批评论文集》，杜章智等译，台北远流出版事业股份有限公司，1990，第215~216页。

② 米·凯莱：《现代法国马克思主义》，马里兰1982年版，第129页，转引自徐崇温《阿尔都塞的多元决定论和马克思主义》，《中国社会科学院研究生院学报》1997年第3期。

浪漫主义美学，改变了 20 世纪以来文化与生活渐行渐远的格局；另一方面终结了精英文化与大众文化对立的传统，促使现代文学走向日常生活与大众。尽管威廉斯的文化主义具有新左派的特征，"在将革命的手段和力量寄托于文化的日常进程中而力求摆脱精英传统的文化乌托邦的同时，不由自主地陷入了新的文化乌托邦。这或许是左派激进知识分子在资本主义内部实现对资本主义的抵制无法摆脱的宿命"①。但毫无疑问，威廉斯的文化唯物主义实现了马克思主义在历史新境遇下的再发展。

　　威廉斯回溯了马克思对"上层建筑"这一术语使用的具体情况，认为它可以多变地适用于每一个领域，基础与上层建筑并不是概念性术语，而是隐喻性质的。"经济基础"不单单是指马克思所处时代背景下被着重强调的资本主义经济关系上的生产（尤其是重工业生产），还是社会本身、人类本身。走出马克思的时代背景，我们应该从更开阔的意义上把握基础和上层建筑。威廉斯认为"基础和上层建筑"是一个指向某种状态的动态概念，而不是化约为某种范畴，更不是某一个确定的对象。同理，我们习惯将语言当作一个静态的对象，但实际上文学也是一种生产，一种写作语言的实践，它具有独立性和自主创造性。文化具有自己的生产方式和生产机制，是对社会生活进行能动的转化与创造的中介，文化不是经济基础的附庸，它是社会生产不可缺少的一环。

　　由此威廉斯也重新阐述了"决定"一词，认为"决定"一词的历史渊源表明"决定"表达的可能意义和暗示是多元化的，马克思所要强调的并不是极性的片面概念，而是基础与上层建筑之间的复杂关系。社会现实的诸要素是彼此依存的，复杂性、多元性是其本身的状态，"一个共同文化的特征在于，这种选择是自由和普遍的，重新选择也是自由和普遍的。这种扶持是一个基于共同决定的共同

①　刘进：《文学与"文化革命"：雷蒙德·威廉斯的文学批评研究》，巴蜀书社，2007，第 384 页。

过程，而且共同决定本身就包含着生命与成长的各种实际变化"①。这一思维显然是受到了阿尔都塞多元决定论的影响。由此，威廉斯否定了一元决定论，因为在真实的历史进程中经济与文化绝不是单纯的决定性因素；也否定了二元对立的说法，因为二元对立显然是对于单一因素的削弱与限制，对多种因素共同作用的观念的强调使威廉斯赋予文化更深厚的内涵，主张将文化置于动态发展的历史进程中去考察，认为文化不单单是能动的表意实践活动，还是物质性的实践活动，文化是一种内在的过程，是一个整体的过程，整体性的文化概念不仅属于上层建筑范畴，也有自身的社会存在基础。最后，威廉斯将"文化"定义为：一种整体的生活方式。

随着文化唯物主义以绵长的理论触角勾连起马克思主义与 20 世纪的文学文化，文化摆脱了被简单化为上层建筑的僵化模式，逐渐展现了文化与实践概念的同构性。当我们以马克思的实践观辩证地看待社会和文化、人和历史关系，就会生发出对文化客观性和必然性问题的新理解，在文化唯物主义视野下，文化等功能被逐渐地放大，从积极视角来看，这主要产生了以下三方面的影响。

（1）在文化的生产与再生产过程中，主客体的辩证法在实践视域下得到更合理的修正与解释。就文化的实践原型而言，其基点是维柯最早提出的经由马克思主义加以重新强调的"人类自己创造自己的历史"这一命题。首先，文化是人的主体性的本质力量在多方面领域展现的前提，正如建筑师建筑大楼、作家写书、演奏家谱曲、导演拍纪录片，这些精神活动也是具体的物质社会发展的组成部分，人通过实践造就自己和自己的"自然的人化"进程，文化是"人类完善的状态与过程"。其次，人类活动首先产出作为"所产的文化"，"所产的文化"作为新的前提在历史的发展中创造新的文化，新的文化又作为新的历史前提，主体作为文化发展的承担者与创造者推动文化的生产与自我繁殖，主体自我实现的实践，既是文化的

---

① 〔英〕雷蒙·威廉斯：《文化与社会：1780—1950》，高晓玲译，吉林出版集团有限责任公司，2011，第 343 页。

开端，也是文化的过程，还是文化的结束，任何主体的实践都是在一定的社会历史条件与环境中生成的，现实的文化的发展受制于人的物质生活和经济基础，如果将纯粹的文化或文明作为社会演进的单位，忽略文化的物质过程，这无异于封闭的精神演绎。

（2）文化是由社会历史的客观实践构成的能动的历史。巴赫金在《论行为哲学》中对马克思哲学做出了生存论的解释："历史唯物主义尽管具有它所有的缺点和不足，对参与性意识来说是很有魅力的，因为它努力以这样的方法建构自己的世界，使特定的具体历史现实的行为在其中获得位置，使不断追求不断行动着的意识在历史唯物主义的世界中能够真正确立自己的方向。"① 在巴赫金看来，语言具有二重性：一切符号作为人类特有的存在方式的表达，既来源于社会活动，又渗透到社会活动中，是人类对世界的一种建构。处在特定社会关系中的人通过语言表意活动来选择、确立、建构自己所在的场域，又在这一场域中推动实践层面的变革。例如，明治维新时期的知识分子积极地吸收西方文化，以达到救亡图存的目的。他们一方面接受西方的制度和文化，另一方面又在变革社会的基础上进一步地改良日本文化。因此，精神生产不仅是对外部存在的客观反映，它本身也能够参与社会运行的实际过程。

（3）文化在实践中整合了社会理论资源，完善了对历史的解释，还原了历史的客观真相。毫无疑问，马克思对经济的关注，使唯物史观的文化维度未得到充分的开掘，这一遗憾也造成了西方马克思主义文化转向。随着社会生产方式的不断变化，文化和语言对社会的影响也在变化，尤其是现代性研究的一系列成果已经证明文化是一种既恒定持久又发展变化的实践，历史的真相往往是复杂多元的，只有辩证地、多维度地解释历史才会趋向真相。

我们需要特别注意的是，尽管在文化唯物主义视域下文化的能动性得到进一步发展，但并没有否定物质的先在性，它恰恰承认了

---

① M. M. Bakhtin，"Toward a Philosophy of the Act," in *Toward a Philosophy of the Act*，Austin：University of Texas Press，1993，p. 65.

物质作为基础存在的必要性，文化唯物主义是在历史唯物主义维度中强调文化活动是物质生产形式的理论体系。当然，这种对文化能动性的新的理解，一方面确实能动地发展了马克思主义文化理论，但也导致了西方马克思主义文化批判理论整体越来越远离经济维度，威廉斯所构建的将生产方式、社会关系意识形态放在一起构成的图像式的抽象文化，导致了文化要反映证明自身，一定程度上影响了之后西方马克思主义文化批判理论走上研究文化生产的道路。

第三节 文化生产理论的三种诠释路径及其影响

西方马克思主义文化生产理论是对马克思精神生产理论的发展，它所指向的是一切产生"意义"的行为和过程。"文化"概念的外延和内涵实际上是一个动态发展的过程，社会—经济语境为我们理解这个概念的内涵确立起坚实的基础。总的来说，几乎所有的文化生产理论都趋向于一个共同的结论：一方面，文化产品既构成了现代社会的物质基础，又是传播思想和形象的主要手段，传统马克思主义关于经济基础和意识形态上层建筑的区分很难维持。另一方面，马克思之后的马克思主义虽然在立场、方法和观点上各不相同，但在根本倾向上是一致的，即深入挖掘资本主义经济活动的文化内涵，从经济—政治共同体转向文化共同体，充分肯定文化在人类解放进程中的重要作用。本节所涉及的文化生产理论持有这种相同的"文化主义"立场，即它们都主张社会是由文化塑造的，肯定历史主体的能动性和创造性，科学地解释了文化在社会变革中所起的作用。值得注意的是，文化生产理论将文化本身形式化为一种自我封闭和自我理解的实践，这就使得文化和物质、劳动、经济、阶级等因素完全分离开来。西方马克思主义文化批判理论在挖掘文化能动性的进程中走向了文化主义。这种文化主义是一整套话语体系的系统灌输，它将社会的不平等解释为知识或自然能力的差异，通过文化抵抗的象征性实践论证资本主义剥削制度的合理性。这仍然是对阶级剥削关系采取了一种感性直观的态度，在归根结底的意义上是资本主义制度的自我调节。

一 符号生产理论及其影响

鲍曼将人类社会分成两个阶段：第一个阶段是生产者社会。这也符合古典经济学家的设想，即消费是为了满足生产的需求。在整个因果链条中，消费行为最终会促进物质资料的生产。第二个阶段是消费者社会。科学技术的发展使生产力水平显著提升。在当前社会中，人类创造出极为庞大的商品堆积。但是，消费的目的并不体现在满足个人的需求，而是具有相当明显的异化性质，人们开始为了消费而消费。这是因为，不同的消费水平实际上代表了不同的社会阶层。整个社会开始人为地制造需求，引导人们进行盲目的消费。简单地说，生产力实际上是在消费领域中发展的。

鲍曼的观点或许印证了部分论者的判断。仰海峰认为，生产逻辑和资本逻辑是历史唯物主义的双重逻辑。在前资本主义社会，生产逻辑起着支配作用；在资本主义社会，虽然资本生产具有人类学的意义，但实际上却是资本逻辑统摄生产逻辑。[①] 马克思肯定了物质资料生产的基础性地位。符号生产理论则关注到符号的抽象差异性逻辑，指出当代社会已经完成了生产型社会向消费型社会的过渡。鲍德里亚认为，消费社会本质上是一个符号社会。在《物体系》一书中，鲍德里亚举例：典型的布尔乔亚家具是体现伦理和宗法意志，同时又具有社会意义的象征物，但是物的功能化逻辑导致现代家具实际上只有使用价值。在消费不能明确区分社会地位的情境下，资本家为了激发群众的消费欲望，给物品赋予了大量的符号意义。在为了符号价值而消费的社会中，只有进入符号编码体系的物才能成为消费物。广告在这个问题上发挥了重要的作用。用鲍德里亚的话说，"在一个所有事物都臣服于贩售和利润法则的社会里，广告是一

---

① 参见仰海峰《历史唯物主义的双重逻辑》，《哲学研究》2010 年第 11 期。

项最民主的产品，唯一'免费赠送'和唯一提供给所有人的产品"①。在消费社会中，符号和意义超越了物质生产本身。换句话说，物质的社会形态消失了，取而代之的是一种符号编码体系。在鲍德里亚看来，符号控制着当代资本主义社会消费与流通的全部环节。这种符号生产理论代表着一种倾向，即认为文化（符号）可以与物质、经济彻底分离开来，纯粹的话语构造物起到了推动社会生产的作用。

符号生产逻辑所指向的是一种差异性的社会生产，它导致的影响有两方面。一方面是使文化脱离生产领域，成为纯粹的话语构造物。马克思在 1859 年《〈政治经济学批判〉序言》中明确表示，"物质生活的生产方式制约着整个社会生活、政治生活和精神生活的过程"②。对文化的分析不能脱离特定的社会形态，它必须立足于生产力—生产关系的辩证运动。但是，在消费社会中，符号具有一定的象征意义，欲望逻辑、审美逻辑和符号逻辑逐渐占据主导地位。相应地，传统社会学视野下的文化主体成为符号的生产者与消费者。人们不再关注自我的价值，而是关注符号对自我的塑造。社会理论对现存状况的分析也不再以经济基础为主要的分析对象，而是把这种差异归结为市场中的生活方式和时尚潮流。后现代主义抛弃了整体性的宏大叙事，逐渐转向对日常生活、性别、品位和先锋艺术等微观文化的研究。这是因为，文化正在逐渐脱离以生产、经济、劳动为主要方面的经济基础，沦为一种纯粹的意识形态产物。很多文化理论家都认为，研究文化的实质就是研究意识形态。

另一方面，身份差异逐渐掩盖了阶级差异。否认物质生产的基础地位必然导致一种消解阶级叙事的极端倾向，人们需要通过各种话语构造的差异来区分彼此。为了符号价值而消费的实质是借助这种行为完成社会身份的建构。布尔迪厄认为，在消费社会中，消费方式的差异导致不同阶层形成了各自不同的生活方式。我们可以通

---

① 〔法〕让·鲍德里亚：《物体系》，林志明译，上海人民出版社，2018，第 186 页。
② 《马克思恩格斯文集》第 2 卷，人民出版社，2009，第 591 页。

过不同的消费模式判断消费主体所处的不同阶级。因此，符号价值的根本目的其实是制造一种差异。以消费为主导原则的社会关系甚至比劳动关系具有更为根本的意义。布尔迪厄举例说，由性别和地域差别导致的身份差异，甚至比传统马克思主义所理解的阶级关系更为重要。在丧失传统差别的基础上反而兴起了对新的差别的崇拜，这就是历史发展的辩证法。表面上看，身份差异取代了阶级差异，阶级叙事不再是解读资本主义社会的理论框架。但我们不难发现，阶级从未消失，只是这个概念逐渐为其他话语所掩盖。符号化的消费社会使得人们只关注自己可以获得社会认同的文化标记，而忽略了自己首先是向资本家出卖劳动力的被剥削者。资产阶级正是通过这样的方式完成了对资本主义剥削制度的合理化论证。对差异的崇拜正是建立在差别丧失的基础上，追求消费平等代替了追求真实的人的平等。事实上，阶级从未消失，只是这个概念被掩盖了。通过这样的方式，资产阶级对剩余价值的历史性的占有变得自然化和日常化，身份差异对阶级差异的掩盖使剥削免受批判。

　　鲍德里亚试图说明，消费并不是一种物质实践，而是一种关于符号的系统化活动，消费社会在本质上是一个符号社会。资本主义消费社会的运行机制是通过控制符码实现对整个流通环节的控制，再通过符号垄断对整个社会进行新的资本意识形态控制，将社会形式化为一种封闭符号的自我理解的实践。由此，符号化的消费社会逐渐取代了物质形态的生产社会。人们普遍认为，文化的意义产生于米歇尔·德·塞托所说的"二次生产"的消费领域①，而不是起源于经济生产领域，生活方式对消费的影响甚至比劳动关系更为重要，身份差异对阶级差异的掩盖使传统意义上的阶级叙事逐渐式微。

---

① 塞托："还有另外一种生产，它与合理的、扩张的，且集中、嘈杂、壮观的生产相对应，我们称之为'消费'。它是有计谋的、四处分散的，但是它渗入到任何地方，悄悄地、几乎是不为人所察觉地渗入进来，因为它通过对占主导地位的经济秩序强加的产品进行使用的方式来凸现自己，而不是通过产品本身来显示自己。"（〔法〕塞托：《日常生活实践　1. 实践的艺术》，方琳琳等译，南京大学出版社，2009，第33页）

二　非物质劳动生产理论及其影响

"全球化"是塑造当今世界的最主要的推动力之一，探讨全球化动因的学者首先侧重于在经济领域论证全球化进程的影响，然后把这种原则推广到政治、文化和意识形态等领域，以至于汤姆林森认为，"我们这个时代所经历的、由全球化所描绘的巨大的转型式进程，除非从文化的概念性词汇去着手，否则就很难得到恰如其分的理解"[①]。一种颇有影响力的观点认为，在 20 世纪，以物质劳动为主导的工业时代正式宣告结束，非物质劳动逐渐取代了物质劳动，成为劳动的主要社会形式和价值来源。换句话说，知识、科技、信息、交往等因素逐渐成为推动社会发展的决定性因素。内格里的非物质劳动理论认为，尽管非物质劳动理论认为文化、知识、科技等生产要素具有决定性的意义，但是这种观点实际上预设了一种理论前提，这就是说，劳动无须与自然发生关系，它可以是纯粹的社会和话语的构造物。这种观点实际上是用这种表面现象掩盖了资本主义劳动的异化性质。如果我们不再从生产力和生产关系的矛盾运动中寻找社会冲突的本质原因，而只是试图为现存世界提供一种道德层面的说明，那么毫无疑问，这种倾向必将导致一种资本主义永恒化的世界图景。

非物质劳动包括智力劳动、知识劳动、科技劳动、交往劳动、情感劳动等。基于意大利马克思主义者分析非物质劳动的理论传统，内格里在《帝国》中提出了"非物质劳动"的概念。非物质劳动是帝国得以构建的社会本体论，也是大众这一全球无产阶级得以形成的基础。"当代帝国主义全球地理的转变以及世界市场的实现标志着在资本主义生产的模式当中有一条道路。……资本似乎面对着一个流畅的世界……占据统治地位的生产过程的自身变化，流通渠道的建设和对新的全球流通的限定相伴随，结果是工业化的工厂的劳动

---

① 〔英〕约翰·汤姆林森：《全球化与文化》，郭英剑译，南京大学出版社，2002，第 1 页。

在减少，其优先地位让位给交流性的、合作性的、富有情感的劳动。"① 内格里把创造非物质性产品（知识、信息、交往、关系、情感）的劳动分为两种类型：一种是设计智力或语言的劳动，如解决问题、处理象征性或分析性的任务，以及语言表达方面的工作等；另一种是情感劳动，它是生产诸如轻松、愉快、满足、兴奋或激动等情绪的劳动。内格里从生命政治学的框架来理解非物质劳动概念，认为"当代的资本主义的生产，不只是在生产剩余价值，或者是在生产劳动产品，它是在生产一种社会形式，在生产一种价值体系，在生产一种社会经验的结构"②。

内格里提出了对马克思价值观框架的反思。他提出，法国后结构主义并没有逃避政治经济学，而是从内在性的层面深入挖掘资本主义剥削关系的本质。在内格里看来，随着生产力的发展，资本—劳动的关系从形式吸纳逐渐过渡为实质吸纳阶段，后者不仅包含了社会的经济或文化维度，而且包含了整个社会有机体。"它是对整个市民社会的吸纳，是对所有在资本逻辑中的劳动者工作时间和生活时间的吸纳，它就是资本对劳动者的控制，对劳动者身体、灵魂、意识的完全支配。"③ 可以说，资本权力控制已经内化到每个人的生存方式中，转变为一种新的统治方式，这就是生命权力控制。非物质劳动就是要解决这样的问题，即劳动不仅是形式地从属于资本，而且是实质地从属于资本。劳动不仅生产了剩余价值或劳动产品，而且生产出社会关系。④

但是我们对非物质性劳动的理解必须坚持两点基本原则。第一，

---

① Antonio Negri and Michael Hardt, *Empire*, MA: Harvard University Press, 2000, p. XⅢ.

② 〔美〕哈特、〔意〕内格里：《帝国与大众——迈克尔·哈特、安东尼奥·内格里与上海学者座谈会》，许纪霖主编《帝国、都市与现代性》，江苏人民出版社，2005，第 81 页。

③ 刘怀玉、陈培永：《从非物质劳动到生命政治——自治主义马克思主义大众政治主体的建构》，《马克思主义与现实》2009 年第 2 期。

④ 参见李春建、马丽《内格里的"非物质劳动"理论及其当代意义研究》，重庆出版社，2016，第 153 页。

劳动不是纯粹的社会和话语的构造物，它必须建立在感性自然的基础之上。马克思指出，"对社会主义的人来说，整个所谓世界历史不外是人通过人的劳动而诞生的过程，是自然界对人来说的生成过程"①。劳动是调控人与自然之间物质变化的过程，对人类社会的形成和发展具有决定性的意义。劳动呈现出非物质性的趋势也就意味着，文化和精神等因素在社会发展进程中越来越具有决定性的意义。正是由于这个原因，越来越多的文化理论（"文明冲突论"、文化帝国主义等）认为，当前形势下的国际竞争不再来源于资本的冲突，它更多的是一种文化软实力的较量。② 但是强调劳动的非物质性特征并不意味着取消物质生产资料的基础地位，它在本质上仍然是对资本主义生产关系的反映，不可能完全地脱离感性自然的现实基础。

第二，劳动反映了特定的社会关系，不是由工作类型所决定的抽象实体。资本主义生产方式下的劳动是异化劳动，这是因为，资产阶级无偿占有无产阶级所创造的剩余价值。在这种关系中，生产资料的价值被转移到劳动产品中，而劳动者则创造出比自身劳动力价值更大的价值。资本—劳动都不应被理解为单纯的物或某种特殊的形式，它实际上是一种社会关系。只有在这个意义上看待资本主义剥削关系，才能与重农学派真正地区别开来。仰海峰正确地揭示了资本的社会属性，"资本主义社会是一种运动着的存在，它将一切要素都纳入运动的过程中"，"资本的这种结构化的总体……在不断地结构化自身的同时，也在经历着总体自身的解构，这种解构来自于资本主义社会结构

---

① 《马克思恩格斯文集》第 1 卷，人民出版社，2009，第 196 页。

② 例如，亨廷顿认为："在这个新的世界里，最普遍的、重要的和危险的冲突不是社会阶级之间、富人和穷人之间，或其他以经济来划分的集团之间的冲突，而是属于不同文化实体的人民之间的冲突。部落战争和种族冲突将发生在文明之内。"（〔美〕亨廷顿：《文明的冲突与世界秩序的重建》，周琪等译，新华出版社，2009，第 6 页）文明间的冲突有两种形式。在地区或微观层面上，断层线冲突发生在属于不同文明的邻近国家之间、一个国家中属于不同文明的集团之间，或者想在残骸之上建立起新国家的集团之间。在全球或宏观层面上，核心国家的冲突发生在不同文明的主要国家之间（参见〔美〕亨廷顿《文明的冲突与世界秩序的重建》，周琪等译，新华出版社，2009，第 184~185 页）。

的内在本质规定，即生产的社会总体化与个人私有的内在矛盾"①。

"非物质劳动"是内格里的帝国理论的核心范畴。"在 20 世纪的最后几十年中，工业劳动失去了它的霸权地位，取而代之出现的是'非物质劳动'。"② 非物质劳动逐渐取代了物质劳动，成为资本主义生产方式的重要环节。在新的历史时期，资产阶级和无产阶级的矛盾并没有消失，但是知识精英逐渐成长为一个全新的阶级。包括知识型劳动者、职业经理人、大学教授在内的人群都属于知识精英阶层。一些西方学者据此认为，划分阶段的客观标准也应该发生相应的变化。例如，普兰查斯坚持多元决定论的基本原则，从政治、经济和意识形态三个方面来分析当前的社会阶级。他指出，工人阶级不仅包括传统的体力劳动者，而且包括大量的非生产性的雇佣劳动者，如白领工人、服务人员等。高兹与马勒则倾向于技术决定论，强调生产技术在工人阶级的形成和发展中的作用，他们把技术人员、管理人员、工程师、科学家等群体归结为新工人阶级。非经济因素或许可以推动传统阶级理论的发展。但是我们不应该忽略的是，在发达资本主义社会中，资产阶级和无产阶级的阶级矛盾仍然是当今社会的主要矛盾。在资本主义生产方式中，资本家占有生产资料，可以无偿占有工人的剩余劳动；工人不占有生产资料，只能向资本家出卖自己的劳动力。看不到这种现实的差别，就容易得出发达资本主义社会中划分阶级的依据不复存在这种错误的结论。③ 这种看法显然是没有道理的，资本主义私有制下的劳动仍然是一种剥削和占有的社会关系。

这是因为，阶级首先是一个经济概念。我们依据每个群体在资本主义生产关系中所处的不同地位划分出资产阶级和无产阶级这两个对立的阶级。在阶级社会中，一切社会矛盾首先是经济层面的矛

①　仰海峰：《〈资本论〉的哲学》，北京师范大学出版社，2017，第 98 页。

②　Antonio Negri and Michael Hardt, *War and Democracy in the Age of Empire*, New York：The Penguin Press, 2014, p. 108.

③　参见〔英〕拉尔夫·密里本德《资本主义社会的国家》，沈汉等译，商务印书馆，1997，第 32 页。

盾，绝不能把它们归结为纯粹的文化冲突，把阶级理解为一种精神状态的做法在本质上只不过是人本主义的幻想。由此可见，不能用抽象的道德范畴掩盖这种矛盾冲突的本质。阿佩尔、巴赫金、哈贝马斯等人主张用对话理性化解社会冲突，拉克劳和墨菲提出多元主义社会的话语认同和多元化的激进民主政治，霍耐特则发展了协商伦理学。这些理论只是将阶级社会的冲突抽象为永恒的文化战争。但是这种对话和协商实际上忽略了阶级对立关系的基础地位，从而失去了批判现实的社会功能，最终必然回到对资本主义制度的辩护。除此之外，通过构建交往关系和普遍共识来实现普遍解放的做法仍然带有相当明显的唯心主义痕迹。这是因为，把现实世界中人与人的社会关系简化为观念和事物的联系，最终只会把少数人对社会财富的掠夺神秘化和合法化。马克思主义经典理论认为，人的本质是一切社会关系的总和，所谓超阶级的人性根本就是不存在的。在阶级社会中，资产阶级和无产阶级的意识形态具有相当明显的差异，人本主义理论根本无法实现任何真正意义上的社会变革。

三　话语权力理论及其影响

马克思对资本主义社会的研究始终坚持了总体性和历史性的原则，既将社会看作一个有机的整体，又将历史发展的客观进程理解为不断生成的运动。后现代主义持有一种非常悲观的看法："我们现在正处于从现代性的噩梦以及它的操控理性和对总体性的崇拜中苏醒过来、进入后现代松散的多元论的过程之中，一系列异质的生活方式和语言游戏已经抛弃了把自身总体化与合法化的怀旧冲动……科学和哲学必须抛弃自己宏大的形而上学的主张，更加谦恭地把自身看成只不过是另一套叙事。"[①] 以列斐伏尔为滥觞的西方马克思主义开始运用批判和反思的视角看待社会事实。米歇尔、沃格尔、奥利塔、罗默、赖特等西方学者逐渐形成了各种解读现代社会境况的理论视

① 〔美〕哈维：《后现代的状况：对文化变迁之缘起的探究》，阎嘉译，商务印书馆，2003，第15页。

野，并以此为基础重新界定文化话语的解放力量。

福柯的话语权力理论认为，传统意义上，君主直接运用自身的权威来管理国家，其背后则是强大的国家机器。但是，在现代国家中，统治阶级行使自身权力的方式发生了改变。现代人实际上生活在一种隐秘的规训权力之下，这种文化上的统治又带有极其广泛的性质。规训权力机制试图解读权力如何为自身提供统治的合法性。在福柯看来，符合社会规范的知识通常具有相当大的生产价值。"贫穷"实际上是文化上的概念。贫穷与否仅取决于一个人是否符合社会的外部规范。争论的场地实际上发生了改变，从经济基础逐渐转移到上层建筑的领域。反抗现存社会的斗争只具有象征性的意义，而没有真正触动资本主义社会的本质结构。福柯认为，在当今社会中，物质层面上的阶级斗争实际上不再具有举足轻重的地位。我们应该反思的是另一个问题，这就是说，个体的生命如何反抗外部强加给它的理性原则。与传统马克思主义关注社会形态更替的理论倾向不同，在福柯看来，实现自由的现实途径实际上就在于妥善处理自我和外部世界的关系。

首先，福柯把规训权力的本质看作借助知识为自身提供合法性。发生在经济基础层面的斗争实际上被消解了，问题被简单化为这种知识是否符合外部规范。福柯认为，在传统的政治思想中，权力必须遵循司法确立起来的基本原则，法律为权力划定界限。这种权力既可以被授权和转让，也可以被占有和剥夺。权力具有物质性，但是传统的"权力"带有法律所规定的消极特征，它不能生产出任何实际的东西。规训权力认为，权力是受到各种合法性支撑，同时又具有复杂谱系的动态关系。任何一方都不能赋予这种权力以真正的合法性，其合法性只有在这种关系中才能建立起来。规训权力具有三个特征：第一，规训权力跳出了那种把权力归结为统治阶级的传统模式，权力关系的普遍性可以将全社会都纳入分析的框架。福柯在早期作品中采用微观视角分析权力在各种社会制度中的具体运用。第二，规训权力应当坚持规范逻辑。规范是一个公共的判断标准，它来源于各种形式的社会主流话语，例如道德、科学等范畴。规范既尊重每个社会成员的个体差异，又建立起普遍规范的伦理体系。个体以这种社会规范为标准，不断地评价、审核和改进自身的行为。因此，规训权力能有效地渗透到每个人的生命中。第三，福柯把权力关系的具体运作和引导这些权力关系的理性称为"权力技术"，权力技术试图建立起驯服和功利之间的关系，认为二者实际上具有同构性。规训权力机制试图说明，权力在控制全社会的同时，如何借助于知识来为自身提供合法性。规训权力对传统权力的取代意味着福柯重新理解了物质生活的实际斗争：这些斗争不是来自现实社会的经济基础，它在本质上是一种文化斗争。如果资本主义的本质不是剥削，而是"这些微小的、日常的、物质的、基本上非平等的、不对称的微观权力机制，我们称之为纪律"①，那么生产力就是"完美统治的乌托邦"的"政治技术"，这种观点使争论停留在上层建筑的层面，自然也无法实现解放人类的最终目的。

其次，福柯阐释了文化塑造个体生命的实际过程。如果说，规训权力只是将物质生活斗争归结为知识是否合乎规范的斗争，那么，"生命政治"学说则通过"人口"概念，让知识承担起社会责任，使国家问题进入了权力分析领域。"生命政治学"可以追溯到希伯来文化中牧人与羊群的隐喻以及马基雅维利以来治理逻辑的变化，它以整体的人口为对象，借助经济、医学、教育等机制对个体生命进行积极的调节、干预和管理，最终达到提高生命质量、肯定生命意义的目的。资本通过一整套技术支配个体的生命，最终发挥社会统治的职能。例如，人口的数量取决于税收体系、流通行为、收益分配等一系列可变的因素，资本通过考虑人口内部运作的各类因素，审慎地安排一系列组织方式，积极地调动了人口中所蕴含的生产力。显然，知识为国家治理技术的发展提供了原则性的指导，"权力关系

---

① M. Foucault, *The History of Sexuality: An Introduction*, Vol. I, New York: Vintage, 1990, p. 22.

造就了一种知识体系，知识则扩大和强化了这种权力的效应"①。现代国家是全面干预、管理和提高生命质量的生命政治时代。福柯用"全景监狱"来说明权力对人的控制和生产。"我们的社会不是一个公开场面的社会，而是一个监视社会。在表面意象的背后，人们深入地干预着肉体。在极抽象的交换背后，继续进行着对各种有用力量的细致而具体的训练。"②

福柯将权力视为横向的和禁止性的，而不是纵向的或等级性的，这种观点的前提是物质方面的基本平等。事实上，正是对生产资料的控制和获取，才使少数人有能力建立起完善的社会规范。福柯的知识权力理论把"贫穷"看作文化意义上的概念。个体是否能意识到自己在生产体系中的地位，是否有机会获得相应的生产资料，是否可以剥削他人的劳动，这些问题都不在福柯的问题域。这一点同布尔迪厄对"文化资本""象征资本"的分析是相似的，它并不能解释贫困的存在，而只是用一种更复杂的语言重新描绘了贫困的现状，即使权力、不平等和经济基础隔绝开来，把所有反抗现存秩序的斗争都归结为象征意义的斗争，没有触及最基本的阶级关系。这就把文化理论置于为统治阶级服务的地位，使资本主义制度永久化了。总的来说，西方马克思主义批判理论的轴心从经济转向文化，其理论归宿是，用文化来解释冲突和定义生命，最终使文化脱离了生产领域。这种文化主义的趋势在当代的文化批判理论中扮演了重要的角色。文化生产理论最终使文化完全脱离了它所涉及的劳动关系和阶级冲突，在"去经济学化"的过程中逐渐远离了经济基础和上层建筑的辩证关系。

聚焦于文化内在性的文化理论最终使得文化与其关涉的劳动、经济、剥削等因素相分离，基姆·麦克基甘（Jim McGuigan）把人

---

① 〔法〕米歇尔·福柯：《规训与惩罚：监狱的诞生》，刘北成等译，三联书店，2003，第32页。

② 〔法〕米歇尔·福柯：《规训与惩罚：监狱的诞生》，刘北成等译，三联书店，2003，第243页。

们对文化高度的自反性理解的原因归结为"文化研究与以前长时间过多的'正统'马克思主义的基础——上层建筑模式的创伤性遭遇，这种创伤的症候表现为一种虚弱的逃避综合症"①。也就是说，西方马克思主义的文化批判理论在拒斥经济决定论的过程中，又走上了另一个极端，那就是远离物质生产、阶级斗争、劳资关系等经济基础，试图在纯粹文化或意识形态的领域解释世界历史。

这种"远离"带来了"重建"的必然性。尼古拉斯·加恩海姆在《政治经济学与文化研究》中认为，文化批判理论的"去经济学化"倾向在本质上源于对政治经济学理论的错误理解。在这个意义上，加恩海姆重新解释了"经济学"的含义。首先，政治经济学不能等同于狭义的反映论或决定论。政治经济学承认经济基础的归根结底的决定作用，但并没有主张一种机械的经济决定论。其次，政治经济学也不是功能主义，特定的上层建筑不会由生产方式的需要直接被创造出来。"上层建筑"的来源非常广泛，它既与一定的经济形态相关联，也包括地理环境、血缘关系、宗教信仰、审美传统等因素。最后，"政治经济学并不认为，人类行动者维持这一体系的尝试能够获得成功。生产方式极有可能面临其多种实践中存在的无法逾越或无法解决的紧张和矛盾"②。

总的来说，物质生产理论与文化生产理论各有其价值，但文化生产毕竟无法代替物质生产的先在性，大多数从事文化研究的学者同样承认资本主义生产方式的现实存在。因此，尽管费斯克否认"文化经济"与"金融经济"之间有决定性的联系，但他仍然认为，人们首先受到了物质层面的压迫，无处不在的大众实际上是积极的反抗者。拉里·格罗斯伯格试图论证个人意志的独立性，但他又必须承认物质前提相对于精神意志的先在性。文化批判理论实际上默

---

① 〔英〕基姆·麦克基甘：《文化民粹主义》，第245页，转引自〔英〕尼古拉斯·加恩海姆《政治经济学与文化研究》，贺玉高、陶东风译，《西北师大学报》（社会科学版）2005年第1期。

② 〔英〕尼古拉斯·加恩海姆：《政治经济学与文化研究》，贺玉高、陶东风译，《西北师大学报》（社会科学版）2005年第1期。

认了资本主义生产方式的优先地位，因此，在不改变社会制度的前提下，文化消费取代了文化生产，成为文化研究的关注焦点。与此同时，工作的文化实践的传统地位也为休闲的文化实践所取代。

从肯定物质生产方式走向研究文化生产方式，这并不意味着该话语在全球范围内的普遍胜利；相反，这是对现实斗争的疏远和抽离，是资本主义全球化危机的文化效应，这种危机来源于资本主义劳动者与生产资料完全分离的制度缺陷。因此，尽管鲍德里亚的"消费叙事"、内格里的"非物质劳动叙事"、福柯的"话语权力叙事"为资本主义的全球发展提供了论据，但因其不涉及劳动、阶级、经济等基础范畴，而只是将矛盾转移到上层建筑领域，这就导致资本主义的固有危机从未得到真正的解决。我们可以看到，近 10 年来，发达资本主义国家的政策始终是围绕经济问题的，比如税收、福利、就业等；贫穷、饥饿、疾病等问题仍然困扰着 70% 以上的民众。一切对资本主义的文化注解，都只不过是资本主义体系的自我修正，它不可能真正解决生存和发展这两大问题。文化批判理论反向证明了历史唯物主义的当代价值。解决社会发展问题或进一步发展文化批判理论，根本不可能脱离对政治经济学的重视。重建政治经济学和文化批判的同盟既是理论需要，也是现实需要。

第二章

从经济主体走向文化主体

萨特认为马克思主义哲学是不可超越的，一方面，资产阶级在现实社会中占据主导地位，马克思主义的阶级斗争学说仍然具有重要的指导意义；另一方面，马克思哲学辩证法的不可超越同时取决于它对物质制约的客观认识。马克思主义认为，物质生产实践是人的存在方式和本质活动，在生产关系中的不同地位把现实的人划分为不同的社会阶级。在萨特看来，超越马克思主义哲学的社会环境还没有产生。马克思主义把经济属性看作理解历史主体的重要维度。但是，在发达工业社会中，"资产阶级对劳动者的剥削已经不再采取原来的以剥削绝对剩余价值为主的方式；在实践上表现为，现代社会的阶级基础发生了变化，人类解放的任务不能再由处于赤贫地位的阶层单独承担"[1]。资本主义生产方式把社会生活分割为经济、政治、审美、知识等不同的生活场域，阶级结构呈现出多样化的趋势。可以说，传统工人阶级的生活方式发生了巨大改变，在某种程度上，"工业革命导致了马克思主义雇佣劳动意义上的劳动的消亡和无产阶级的消亡"[2]。西方马克思主义知识分子提出了各种划分阶级的新标准，经济因素对主体差异的影响越来越小。同时，随着阶级斗争式

---

[1] 陈学明、马拥军：《走近马克思——苏东剧变后西方四大思想家的思想轨迹》，东方出版社，2002，第561页。

[2] 俞可平主编《全球化时代的"马克思主义"》，中央编译出版社，1998，第64页。

微、文化工业蓬勃发展，阿佩尔、巴赫金等西方马克思主义者主张
以对话伦理重塑交往关系与普遍认识。在此过程中，他们不再关注
政治经济学视域下的无产阶级，转而关注以原子化、个体化方式存
在的大众。

在西方马克思主义文化批判理论中对于大众的认知主要是两种：
一种是如法兰克福学派"文化工业"理论宣称的，阶级被统一的、
被动的大众取代，阶级意义与斗争精神被虚无、平庸取代；另一种
是如费斯克的快感理论宣称的，大众是在资本主义宰制下仍然以各
种方式灵活躲避、抵抗权力控制的积极大众。文化批判理论常常将
"大众"解读为"后阶级"——一个由话语策略和灵活的主题组成
的不透明的网络，没有劳动物质的普遍性，这些关于主体更灵活的
话语体系，实际上是资本主义遏制自身危机的手段，它模糊了阶级
对立，消解了阶级差异，正如文化批判理论颂扬人们在消费乐趣当
中的象征性抵抗，却无法解释为什么在消费上有不平等，为什么少
数人却可以依靠多数人的无报酬的剩余劳动力生活，我们称为抵抗
的民粹主义最终沦为一种空洞的民粹主义。

部分学者对大众的研究仍然带有阶级分析的色彩，也就是说，
虽然摒弃了经济因素对个体的决定性作用，但仍然把大众看作被资
本主义意识形态操纵的群体，或者是以颠覆主流文化为目标的民粹
主义群体。斯图亚特·霍尔的文化身份理论完全脱离了阶级叙事的
框架，认为话语或文化身份是现代主体构建的核心要素，文化身份
在本质上是历史和语言的产物。这种文化身份理论的归宿是话语主
义。话语主义忽略了经济因素在历史进程中的重要作用，它只看到
了人在现实生活中沦为统治阶级附庸的实际命运，但是忽略了社会
身份形成的历史过程。从经济主体走向文化主体不能忽略生产关系、
意识形态和统治结构的关系问题。本章通过西方马克思主义文化批
判理论对主体的分析的变化：从强调主体的经济属性到脱离阶级研
究，研究大众，再到研究原子的、个体的文化标记，试图说明尽管
文化批判理论丰富了对于主体多样性的研究，但恰恰忽略了一个非

常重要的问题：关于主体更灵活的话语体系的建构亦是对"阶级"概念的淡化与抹杀，是对剥削的、残酷的经济历史的代替，反映在学术上的变化不应仅仅被理解为学术热点的变化，而应同背后的政治、经济联系起来，即同资本主义的发展联系起来。正如拉图尔认为理论的生与死归根结底是利益的兴衰，当人们只关注自己可以获得认同的文化标记，而忽略了自己每天首先是作为出卖于资本的被剥削者时，资产阶级对剩余价值的历史性的具体占有就变得自然化、日常化，对阶级差异的掩盖最终使剥削免受批判。

第一节　阶级衰落与大众兴起

一　阶级起源：回到经济关系

对于主体经济属性的说明，一方面诉诸物质生产实践，因为没有物质生产实践人就无法生存；另一方面早期西方马克思主义学者还是延续马克思的阶级观念，将阶级视为统治结构的关键，由于阶级首先是经济范畴，因此在阶级视域下的主体首先是经济属性的。但为了更好地突出本章的宗旨——阐明个体差异的决定性因素从经济因素走向文化因素，也为了更好地阐明本节的主题——阶级的衰落、群体划分标准变化与大众兴起，我们从分析 class 一词本身的丰富内涵入手，事实上，主体划分标准的多样化自 class 一词诞生起就决定了，只是随着工业经济的发展，经济因素越来越突出，由此 class 的含义才从群体逐渐过渡为阶级。

另外，卢卡奇在《历史与阶级意识——关于马克思主义辩证法的研究》中将革命失败归因为革命主体即无产阶级意识的不成熟，他主张要将先进的阶级意识灌输到无产阶级的大脑中去，认为阶级意识是革命的前提条件；葛兰西则把第二国际的失败归因为资产阶级思想体系的支配地位使得工人落入了资产阶级设置的意识形态陷阱，主张只有在市民社会中建立无产阶级文化领导权即构建意识形态霸权才能夺取革命胜利。早期西方马克思主义学者之所以认为阶级概念非常重要，或者说经济因素对于主体是重要的，前提是认为我们所处的时代是资本主义生产时代，对于阶级的强调意味着对资本主义占有、剥削历史的强调，意味着其政治使命是推翻资本主义统治。

基于此，我们溯源 class 的含义，在英文中该词可以翻译为阶级、等级、种类等。威廉斯在《关键词：文化与社会的词汇》中指出："class 在不同的阶层里头，到底是用来指涉'群体'或者是指涉'经济关系'，一直摇摆不定。"① 在此我们根据威廉斯对 class 的含义变化的分析做一个简单的梳理：class 源于拉丁词 classis，最初表示根据罗马人民的财富所做的区分（division）；之后，该词的意思产生延伸，变成教会组织的一个专门术语，表示长老监督会（classes）或宗教会议（synods）；在 17 世纪末，该词作为表示一个群体或部门的用法日趋普遍，可以对动植物进行分类，也可以对人进行分类，现代英文 classify 显然就是来自这一层含义；在 1770 ~ 1840 年，class 开始变得具有现代含义，工业革命所带来的经济变化、美国独立战争、法国大革命所产生的政治冲突，都使人们意识到社会地位不全是继承而来的而是可以被建构的，人们对于特别的阶层也产生了固定的称呼，比如下层阶级（lower class）、中产阶级（middle class）、上流阶层（upper class）、劳工阶层（working class）。此时 class 的主要含义是可以被建构的，而建构的因素则包括经济的、政治的、文化的、继承的等；18 世纪 90 年代到 19 世纪 30 年代，class 的含义通过另外一个模式被重新构建——"生产的、有用的阶层"（productive or useful classes）与"特权的、游手好闲的阶层"（privileged or idle classes），这与当时改革运动中的实际政治情况相吻合——前者表示对维系社会命脉有所贡献的人，比如劳动者、工匠、手工业者；后者表示隶属政府部门的行政军事宗教官员。正是在此基础上，工人阶级这个词得以问世，欧文在《穷人与工人阶级》中

① 〔英〕雷蒙·威廉斯：《关键词：文化与社会的词汇》，刘建基译，三联书店，2005，第 63 页。

使用的是"poor and working classes"。所谓工人阶级，仿佛是说用手操作的、有用的或是有生产力的阶层。根据社会群体划分，class 可以分为上、中、下三层；根据现代化的经济群体划分，则可以分为地主、资本家、劳工。在《资本论》中马克思描述的实际的资本主义发展过程，一开始也是一分为三（地主、资本家、劳工）的分类方式，后来渐渐地被二元对立所取代，用马克思的术语来说就是资产阶级（bourgeoisie）与无产阶级（proletariat）。

在经典马克思主义中，阶级的划分显然要回归到经济关系。首先，马克思肯定了经济因素是任何时代中阶级产生的根本原因，阶级的产生、形成与生产力发展水平有直接的关系。在原始社会，生产力水平极低，没有社会分工，自然也没有剩余产品，个体劳动者仅仅能维持基本的生活，保持种族的繁衍；进入奴隶社会，生产力水平提高，出现了社会分工，产生了剩余产品，这是私有制与剥削产生的基础；而经过第三次社会化分工，生产资料的占有关系产生了重大的变革，是否占有生产资料是资本主义社会阶级划分的根本标准。马克思指出所谓资本家或私有者阶级，其前提是占有剩余劳动、占有剩余时间，如果工人自己拥有足够的生产时间和生产资料，那他本身就不必为第三者劳动，也就是说，从生产力、社会分工、私有制的角度讲，所谓阶级产生的基础即剥削、占有，本质上是一种经济关系。因此，生产力发展到一定阶段的时候，阶级也会消亡。其次，马克思也指出经济因素并不是阶级产生的唯一因素，要完整地看待阶级还必须从政治和经济两个角度出发，即便拥有共同的经济利益也并不能形成阶级，构成阶级的要素还需要有政治组织、阶级意识、规则章程等。总之，阶级产生的决定性因素是经济因素，因为物质生产资料生产是人的根本活动，对物质资料的占有构成了最初的群体划分，但阶级是否能成为整体的阶级还需要政治因素等。

由于 class 本身的丰富内涵，我们不难理解为什么布尔迪厄的作品中 class 回到了群体性划分的"阶层"含义，或者后现代主义身份政治理论强调以黑人、白人、男人、女人等身份去取代有产阶级、无产阶级。显然在不同的研究领域内社会分层的标准发生了变化，而我们关键要回答的是阶级是如何被模糊化、被取代的，以及当今时代还是不是资本主义时代。

二　去阶级化现象与阶级斗争式微

19 世纪末 20 世纪初，第二次科学技术革命带来生产和资本的集中，主要资本主义国家逐步地从自由资本主义过渡到垄断资本主义。垄断的出现是资本主义经济发展到一定阶段的必然产物，它在一定程度上减少了资本主义生产的无政府状态，有利于资本主义生产的进一步发展，以资本主义国家为中心的世界经济体系初步形成。工人运动的迅速发展使得社会民主党在各主要资本主义国家建立起来了。① 但是，在这一时期，社会民主党的斗争目的不是彻底推翻资本主义制度，而是改善工人阶级的经济条件和政治地位；斗争手段也不是暴力革命，而是议会斗争。恩格斯提出："在资产阶级用来组织其统治的国家机构中，也有一些东西是工人阶级能够用来对这些机构本身作斗争的。……这里斗争的条件毕竟已经发生了根本的变化。旧式的起义，在 1848 年以前到处都起过决定作用的筑垒巷战，现在大大过时了。"②

越来越多的西方学者提出，阶级分析方法不完全适用于西方发达国家的社会现实。这是因为，资产阶级与无产阶级的尖锐矛盾趋于缓和，新兴中产阶级成为资本主义社会结构的重要部分。马克思

---

① 这一时期各国罢工数量之多是工人运动史中的罕见现象。在法国，1882 年为 182
次，1893 年为 634 次，1899 年为 771 次（参见沈炼之主编《法国通史简编》，人
民出版社，1990，第 441 页）；在 1890～1894 年的美国，参加罢工的人数从
373499 人增加到 690044 人（参见〔苏〕列·伊·祖波克《美国史纲（1877—
1918 年）》，庚声译，三联书店，1963，第 128 页）；在日本，罢工次数也从
1898 年的 43 次增加到 1917 年的 398 次（参见〔日〕高桥幸八郎《日本近现代史
纲要》，谭秉顺译，吉林教育出版社，1989，第 262 页）。与此同时，工人阶级政
党在各主要资本主义国家建立起来了。1875 年，德国成立社会主义工人党；1879
年，法国成立工人党；1900 年，英国各工人团体联合成立工人代表委员会；1872
年，美国成立劳工改革党。
② 《马克思恩格斯文集》第 4 卷，人民出版社，2009，第 545～546 页。

主义政治经济学试图在劳动和资本的对抗性关系中为无产阶级革命赋予合法性与正当性。伯恩施坦却提出了对《资本论》的不同看法，"剩余价值学说的经济客观性毕竟只是对抽象研究才存在的。这个学说只要一付诸应用，它反倒立刻就显出是一个伦理问题，而群众也始终是从道德上去理解它的"①。在发达工业社会中，社会成员的生活条件普遍改善，无产阶级的阶级意识已经被"物化"了，不能真正地领导社会生产关系的变革。阶级代表着特定历史阶段中人的社会关系，在资本主义社会中，物化现象已经深入每个成员的心理机制之中，存在于资本主义社会中的去阶级化现象必然导致阶级斗争的式微。

（一）去阶级化现象

部分西方马克思主义者（如高兹、乌尔里希·贝克等人）看到了发达资本主义国家中生产关系变革引起阶级结构变化的事实，认为马克思的部分观点已经不完全适用于当代西方社会。因此，这些理论家提出了"去阶级化"的理论，主张用新的社会分层理论代替传统的阶级分析方法。"去阶级化"指的是当代社会中阶级关系趋于缓和、阶级界限趋于模糊的现象。这种现象主要表现为两个方面。

（1）物化是资产阶级和无产阶级所要面临的共同命运。二战后，西方资本主义国家在经济基础、科学技术、福利制度等方面都发生了巨大的变化。资产阶级和无产阶级在生活方式、政治观念和意识形态等层面表现出趋同的特征。例如，美国有声电影"使工人阶级的小伙子把自己看成了主人公而不是旁观者，是生活的主体而不是客体"②。法兰克福学派把大众文化看作一种打破社会规训的手段，这里隐含了现代民主思想对传统等级制度的颠覆。尽管阶级取代等级是人类社会历史的进步，但毫无疑问的是，资本主义生产关系仍然带有剥削和压迫的特征。马尔库塞在《单向度的人：发达工业社

---

① 《伯恩施坦文选》，殷叙彝编，人民出版社，2008，第85页。
② J. White, *The Worst Street in North London*, London: Routledge and Kegan Pual, 1986, p.166.

会意识形态研究》中提出："在这里，所谓阶级差别的平等化显示出它的意识形态功能。如果工人和他的老板享受同样的电视节目并漫游同样的游乐胜地，如果打字员打扮得同她雇主的女儿一样漂亮，如果黑人也拥有凯迪拉克牌高级轿车，如果他们阅读同样的报纸，这种相似并不表明阶级的消失，而是表明现存制度下的各种人在多大程度上分享着用以维持这种制度的需要和满足。"① 在发达工业社会中，处在对立关系中的不同阶级在消费模式、审美趣味、价值观念等方面趋于同一。无产阶级不仅是资本主义生产关系下的被剥削者，它同样接受了资产阶级的意识形态。阶级叙事在发达工业社会中固然没有丧失自身的意义，但是社会主体之间的差异已经不是完全由经济状况决定的了，个体的自我选择同样是我们理解社会差异的重要标准。我们可以从文化—意识形态的角度来划分不同的社会主体。

（2）划分社会阶级的客观标准发生了变化，我们不能用单一的经济因素或政治因素来划分不同的阶级。在这个意义上，可以用"阶层"替换"阶级"。例如，彼得·布劳和帕金主张把人们的职业地位作为划分阶级的标准，包括技术人员、经理人员、管理人员、普通白领技术工人、半技术工人、无技术工人等。在丹尼尔·贝尔看来，后工业社会中的知识群体由三大阶级构成："有创造性的精英'科学家'和专业高层管理人员（我们是否可以按柯勒律治的定义，称他们为'新知识阶层'？）；以工程师和教授为代表的中产阶级；以及技术员、初级教员和教学助理等无产阶级。"② 赖特则是按照权利差异来划分的。他认为，可以依据剥削形式的多样化来划分阶层，例如，组织剥削是指职场中职业管理者对管理人员的剥削，技术剥削是指专业人士利用技术上的优势对普通从业者的剥削。当代社会中的天使投资人既是资产阶级，也是管理组织人员，更是在技术上

① 〔美〕赫伯特·马尔库塞：《单向度的人：发达工业社会意识形态研究》，刘继译，上海译文出版社、重庆出版社，2016，第9页。
② 〔美〕丹尼尔·贝尔：《后工业社会的来临》，高铦等译，江西人民出版社，2018，第203页。

具有压倒性优势的专家，因此他们的剥削途径更加多元化，既包括对被投资人的剥削，也包括对广大消费者的剥削。

达伦多夫认为，权力也是划分不同阶级的重要标准。很显然，政治权力实际上也是一种生产力。达伦多夫以政治权力的掌握程度为标准，将社会阶级划分为上层阶级、中层阶级和下层阶级。在传统的阶级理论中，工人在经济上没有优势，可以被理解为下层阶级；国会议员是经济优势的继承者，可以被理解为上层阶级。但是，在当代社会中，情况发生了变化。以劳动力为生的工人同样也可以是国会议员，拥有相应的政治权利。古德纳把文化资本看作划分社会阶级的标准。在现代社会，科学技术是第一生产力，成为社会发展的主要推动力量之一。正如哈贝马斯所说，"自十九世纪末叶以来，标志着晚期资本主义特点的另一种发展趋势，即技术的科学化（die Verwissenschaftlichung der Technik）趋势日益明显……技术和科学便成了第一位的生产力"①。人文知识分子和技术知识分子可以利用他们在某个领域掌握的知识生产出大量的财富，实际上有希望成为新的统治阶层。这个倾向在技术知识分子那里体现得更为明显。对他们来说，科学技术不仅是创造物质财富的主要生产力，而且成为一种维护现存秩序的意识形态新形式。

消费社会理论把消费看作人们确定自己的身份特征的重要标志。符号价值的根本特征是制造差异，生活方式取代了劳资关系，成为划分社会阶级的最主要的标准。符号的资本价值、权力价值和消解阶级对抗的特性，在布尔迪厄那里得到了进一步的阐明。布尔迪厄将社会划分为上层阶级、中层阶级和下层阶级三个不同的阶级。斯沃茨（D. Swartz）指出："布尔迪厄提供了一种阶级符号化的身份模型，在这里，文化的差异被用作阶级差异的标志。阶级的差异表现为把个体与群体在社会荣誉的天平上进行排列、而不光是依据经济

①　〔德〕哈贝马斯：《作为"意识形态"的技术与科学》，李黎等译，学林出版社，1999，第62页。

利益进行划分的身份差异。"① 布尔迪厄把文化的差异看作阶级差异的标志。首先，在经济上占据统治地位的阶级试图在文化和意识形态领域也建立起自己的统治，上层阶级的文化品位成为社会成员追求和模仿的对象。其次，中层阶级努力追赶上层阶级，尽可能地通过消费行为来弥补他们在生产关系中所处的劣势地位。布尔迪厄把中产阶级或新兴阶级看作法国社会的时尚先锋。最后，每个社会阶级都试图与其他阶级区分开，这种阶级划分又推动人们对符号差异的追求。当中层阶级达到了上层阶级的消费水平，上层阶级已经转向了对更高层次物品的消费。这种逻辑链条决定了，必须对物品进行新的编码，赋予其超越使用价值本身的特殊意义。因此，流行文化意味着某种"品位"或"惯习"的生成。物化结构使得人们把这种品位与惯习看作构建特定身份的标准。现代社会通过身份认同的方式掩盖了传统社会中的阶级差异。流行文化的消费活动实际上是在制造一种平等的假象。归根结底，无产者和资产者处在不同的消费空间，资产者可以把自己所处的世界神秘化，而无产者则通过那些具有象征意味的产品来掩盖他们被剥削和被压迫的社会地位。

（二）阶级斗争式微

在当代社会，无产阶级通过暴力革命反抗资产阶级的大规模的阶级斗争不复存在，取而代之的是各种各样的冲突，比如种族冲突、文化冲突和政治冲突。消灭阶级剥削的社会斗争也已经转变成以争取公民权利为目标的各种类型的社会运动。阶级斗争逐渐从宏观转向微观，从经济—政治领域转向文化—社会领域，从暴力革命转向对话协商。对话伦理学取代了阶级斗争理论，成为西方思想家重点关注的理论形态。

正如贝克所说的那样，当代社会是风险社会。"现代化风险具备一种内在固有的全球化趋势。与工业生产紧密相伴的是危险的普世

① 〔美〕戴维·斯沃茨：《文化与权力：布尔迪厄的社会学》，陶东风译，上海译文出版社，2012，第 173 页。

主义，这些危险已经脱离它诞生的场所。"① 人与自然、主体与客体、道德与利益的二元对立成为全社会的普遍焦虑。资本主义生产方式日益消灭了各民族的原始封闭状态，但同时也导致了风险的全球化。生态环境恶化、流行病频发、水资源危机、核危机等成为全人类的普遍难题。不确定性成为人类社会的常态。风险社会的诞生导致现代个人主义发生了一个不可忽视的变化："那些行使社会化的庞大结构失去了自身尊严，那些重要意识形态不再具有影响力，那些历史蓝图不再有号召性，社会领域不过是个人空间的延伸。"② 现代人明确认识到两点：一方面，个体对风险的把控依赖于个体的能动性和反思能力，同时人的能动性与反思能力在风险社会中获得不断的提升；另一方面，现代社会受到了社会知识的巨大影响，反思性成为现代社会的重要特征。吉登斯把现代性具有的自我批判和自我更新的特征称为"反思性现代性"，贝克则进一步将其定义为"自反性现代性"。

普遍危机促使全民在公共空间内展开探索和反思。多元主体间的利益关系和价值冲突是现代社会的宿命。这种冲突主要来自两个方面，一是传统与现代的冲突，二是本土与外来的冲突。它具体表现为社会冲突、民族冲突、价值冲突、正义冲突、政治冲突、道德冲突、文化冲突等。伴随社会多元价值观的激烈碰撞，任何对现代历史轨迹的谨慎审视，都应当质疑理想主义者关于"全面现代化"的概念。面对错综复杂的多元价值观，要想从意识形态和权力关系的统治下获得解放，人与人的关系既要避免单向支配的一元化，也要避免彼此冲突的杂乱化，其核心是建立一种既能满足个体交往需求，又能致力于人与社会最终解放的普遍共识。

阿佩尔、巴赫金人等主张用对话伦理重塑交往关系与普遍共识。

① 〔德〕乌尔里希·贝克：《风险社会：新的现代性之路》，张文杰等译，译林出版社，2018，第 28 页。

② 〔法〕吉尔·利波维茨基、〔加〕塞巴斯蒂安·夏尔：《超级现代时间》，谢强译，中国人民大学出版社，2005，第 12 页。

面对多元价值冲突，康德的先验道德律令所规定的伦理基础丧失了其现实性。在社会历史运动层面探究利益冲突的本质，或是在价值层面重建社会伦理的现实秩序，都必须在对话、讨论和协商的实际过程中统一起来。在这个过程中，真正起作用的并不是语言能力，而是交往理性。哈贝马斯指出："交往理性之区别于实践理性，首先是因为它不再被归诸单个主体或国家—社会层次上的宏观主体。相反，使交往理性成为可能的，是把诸多互动连成一体、为生活形式赋予结构的语言媒介。"① 交往理性构建的程序与规则可以防止权力的非法使用，最终实现概念体系与生活世界的协调，摆脱资本主义面临的合法性危机。当代资本主义社会主张"协商民主"、"对话民主"和"交往民主"等概念，似乎是认为，只有在对话中才能揭示出普遍危机下的社会真相，进而扬弃生活世界所面临的物化境地，最终实现全人类普遍解放的历史任务。

三 大众兴起：基于大众含义演变的分析

在社会整体去阶级化、阶级斗争消失、各种各样价值冲突涌现，以及社会工业化迅猛发展的背景下，西方马克思主义文化批判理论将研究视野转向了大众，无论当代大众是法兰克福学派宣称的必然的、标准的、统一的、单向度的、被欺骗的大众还是费斯克所认为的无中心的、多元的积极抵抗的大众，可以确定的是阶级概念已经被淡化模糊了，在介绍西方马克思主义文化批判理论中的大众主体之前，我们有必要说明"大众"（mass）并非一个现代词语，其历史极为悠久。

在有关社会的论述中，大众是一个极普遍但非常复杂的词，因为该词具有正反两种意蕴：大众既表示对阶级身份低微的人群的一种蔑视，又表示一种不可以忽略的、可能极有价值的、崛起的、新的力量，它是经济、文化、意识形态研究领域中的核心。此处我们结合威廉斯的《关键词：文化与社会的词汇》中对大众一词的历史解析与文化研

---

① 〔德〕哈贝马斯：《在事实与规范之间——关于法律和民主法治国的商谈理论》，童世骏译，三联书店，2003，第4页。

究中对大众的主要特征的解析，分析大众这一概念的基本意蕴。

（1）将大众等同于"群氓"或"乌合之众"。大众最早是用来描述一个民族大部分人的轻蔑语，大众被认为相对于"高"阶层处于较低的价值尺度，这一"偏见"与阶级概念一样古老。从 15 世纪开始 mass 一直被广泛地使用，其拉丁词根是 massa，指被用来铸造的一堆材料，在词义的演进中逐渐表示两种明显的意蕴："（一）没有定型的、无法区隔的东西；（二）一个浓密的集合体。"① 所以，在早期的西方传统中，事实上没有现代意义的大众（mass），只有俗民（folk），并且只强调数量的众多。相应地，也没有大众文化，只有民间文化，与之相对的是正统精英文化。这种"高""低"传统区分导致了知识分子对大众所持有的文化表现出众多的焦虑、担心和敌意。例如，李维斯通过研究严肃的、有很高文化素养的小说是如何变得次要，来表明大众文化可能是有害的。也是基于此，知识分子认为可以通过控制大众文化保证高雅文化，如麦克唐纳认为只要民众保持自己的民间文化娱乐方式，并把艺术交给精英们，就不会对艺术产生妨害，这归根结底涉及的是一种极为传统的等级趣味观。

（2）大众词义趋于中性化，强调现代社会的基础是由原子化的个人组成的群体。在十六七世纪时，大众的价值越发凸显，开始被用来表达政治上公开的鄙视或恐惧，例如希尔在《17 世纪英国的变迁与延续》中用来指称人数众多的、轻率的群氓，此时大众的社会意涵还不是十分明确。后来一个重大的特别用法——集体课税（levy in mass）确定了大众与社会冲突的意义。西沃德在 1978 年写道："我们的国民几乎群起反抗（risen in mass）。"② 显然，此时大众成了社会中一股不可忽视的具有颠覆可能的力量。19 世纪之后，西方资本主义工业化、都市化改变了生产模式、消费模式、大众意识以及政治

① 〔英〕雷蒙·威廉斯：《关键词：文化与社会的词汇》，刘建基译，三联书店，2005，第 283 页。

② 〔英〕雷蒙·威廉斯：《关键词：文化与社会的词汇》，刘建基译，三联书店，2005，第 284 页。

统治方式，现代社会的基础已经不是阶级而是大众。盖斯凯尔在《英国制造业人口》中提到，"蒸汽机的发明让人民聚在一起，使得人口变得稠密（dense masses）"①；穆尔在 1837 年写道："这就是所谓的'the masses'（大众）所给予的少数优雅品位。"② 尽管大众仍带有早期的被蔑视的含义，但这种纯粹的消极意义已经开始瓦解。传统与现代的断裂反映在意识形态上是理性精神对蒙昧主义的挑战，人类热烈追求的现代说到底是以理性对抗神权、以现代对抗传统，通过彻底清除传统价值建立一套普适的新兴价值体系，所以，随着越来越多的人涌入城市，从前与土地、劳动相联系的乡村社群趋于瓦解，取而代之的是单独的、机械化的、异化的个体，与传统乡村社群所关联的宗教礼法、人情往来，也被理性、商业化的精神取代。个体化无疑是现代性的另一大特征，鲍曼用"流动现代性"分析西方工业社会的消费景象，生活在后现代社会的每个人不再有稳定的基础，流动和游动成为现代人生活的本然状态，全球资本主义的液化力量发展出一种消费的生活方式的同时也带来了多重危机，此时的大众是现代意义的词语，指各行其是的、缺乏紧密团结的社会中物理原子式的人。

（3）大众开始具有"人民"的含义。这与对大众文化作用的分析是分不开的。如果大众文化是对高雅文化的剥夺，那我们应该如何理解艺术和先锋主义的作用呢？费斯克认为，大众文化蕴含了解放的力量。他区分了两种社会变革模式：激进模式导致一个社会中权力的重新分配，这种革命发生在历史中比较不平常的危急时刻；大众模式是一种持续进行的过程，旨在维系或提高体制中大众的自下而上的权力，它缓和了权力激烈的两极对立，维持了弱势者的自尊与身份认同。激进的理论家低估和贬低大众的力量，这种观点是

---

① 〔英〕雷蒙·威廉斯：《关键词：文化与社会的词汇》，刘建基译，三联书店，2005，第 284 页。
② 〔英〕雷蒙·威廉斯：《关键词：文化与社会的词汇》，刘建基译，三联书店，2005，第 284 页。

不能成立的。① 在发达资本主义国家，马克思主义提出的工人与劳动、城市与乡村、脑力劳动与体力劳动之间的差别正在缩小。"大众"在很大程度上失去了"地位"的特征，而具有了"人民自己"的含义，仿佛它只是表示一种不包含政治内容的同质化的存在。随着消费主义在全球的蓬勃发展，政治制度、意识形态、阶级状况在经济领域和日常生活中的重要程度逐渐降低，关于阶级文化与消极文化的界限趋于模糊。"popular culture"的翻译就是一个极好的例子，学者们往往根据不同的理论倾向将"popular"翻译为"流行"、"大众"或"通俗"。

　　总的说来，"大众"概念在西方马克思主义文化批判理论中的兴起标志着大众文化的形成。一方面，现代社会的理性化是大众文化形成的前提条件。大众文化本质上是一种文化工业，它使得大众主体逐渐丧失了自主性和创造性，成为纯粹被动的文化消费者。另一方面，"个人"向"大众"转变的历史进程也有积极的意义，它标志着建立在血统、种族、阶级等传统要素之上的社会对立关系趋于缓和，进一步推动了社会平等和人类解放的现实进程。西方马克思主义文化批判理论中的大众主体同样体现出这种矛盾的性质。

第二节　西方马克思主义文化批判理论中的大众主体

一　单向度的人——大众文化视域下的消极主体

　　霍克海默和阿多诺（又译阿多尔诺）首先从文化辩证法视域对启蒙精神作了深入的批判。理性和技术启蒙精神试图使个人超越自在自发的和异化受动的存在状态，真正成为自然和历史的主人，但是它所设想的目标并没有在真正意义上实现，反而导致了启蒙的

---

　　① 参见〔美〕约翰·费斯克《理解大众文化》，王晓珏等译，中央编译出版社，2001，第 220 页。

"自我摧毁"。"从进步思想最广泛的意义来看，历来启蒙的目的都是使人们摆脱恐惧，成为主人。但是完全受到启蒙的世界却充满着巨大的不幸。"① 在发达工业社会中，技术走向合理化的过程同时就是工具理性取代价值理性的过程，一切文化产品都成了工具理性的产物。科学技术的发达使艺术在大众化和普及化的同时，开始沦为非创造性的、商品化的大众文化，这是欺骗人和统治人的异化力量。文化工业具有资产阶级意识形态的特征，它使个体在幻想中得到满足，最终为现存秩序提供辩护。这种娱乐工业体系剥夺了无产阶级的闲暇时间，培植了支持统治和维护现状的顺从意识，最终成为束缚意识的工具、独裁主义的帮凶。大众文化丧失了文化本该具有的自主性和独立性，最终走向了启蒙精神的反面。启蒙思想家试图使人类从不成熟状态走向成熟状态，但是文化工业的标准化和齐一化剥夺了艺术品所应包含的真正的个性。"文化工业的每一个运动，都不可避免地把人们再现为整个社会所需要塑造出来的那种样子。"②

除此之外，科学技术的发展也是大众文化具有意识形态特征的重要原因。马克思主义强调批判地改变现存的世界。但是在发达资本主义国家中，文化统治取代了政治统治的传统地位，它按照自己的尺度来调节、操纵和塑造作为个体的人。正如萨特所说的那样，资产阶级把"坚固的个人主义"（或"社会的原子主义"）作为宣传工具，这样做的目的是迷惑穷人："资产阶级基本上是一体化的，孤独不过是一种游戏；工人基本上是孤独的，政治是他的必需品。"③ 科学技术加剧了人与人之间的疏离和隔阂，使得作为历史主体的无产阶级逐渐丧失了统一性和有机的联系，所以它实际上也承担了一种意识形态的职能。具体地说，大众文化对人的操控作用是

---

① 〔联邦德国〕霍克海默、〔联邦德国〕阿多尔诺：《启蒙辩证法》，洪佩郁、蔺月峰译，重庆出版社，1990，第 1 页。

② 〔联邦德国〕霍克海默、〔联邦德国〕阿多尔诺：《启蒙辩证法》，洪佩郁、蔺月峰译，重庆出版社，1990，第 118 页。

③ J. P. Sartre, *The Communists and Peace: With a Reply to Claude Lefort*, New York: George Braziller Press, 1968, p. 122.

无所不在的，它完全地占据了工人的闲暇时间，使物化成为所有人的普遍命运。在日常生活中，文化工业的产品是无所不在的。

在发达工业社会中，艺术沦为了商品，它反映出来的不过是现代都市人群的快节奏的生活方式。文化工业是一种有组织的娱乐过程，同样也是一种有组织的施暴过程。在大众文化的操控下，人们虽然可以发泄对现存制度的不满，但不能从根本上威胁资本主义制度。大众沦为了被动的消费者。人生活在各种机器和符号编织起来的存在之网，彻底背离了那种自由自觉的本质活动。因此，在娱乐行业中存在肤浅化、大众化和平庸化的现象。艺术沦为了一种幻觉，而文化商品则被认为是真实的存在物。工具理性引发了大众文化的商品化，促使文化工业的生产和消费都必须遵循某种共通的原则。大众文化与技术理性紧密地联系在一起，但是这种流行同时具有强制性和欺骗性的特征。它不仅使萨特所设想的个体联合为整体的途径沦为思辨的幻想，而且彻底消解了作为主客体的统一的阶级意识。所有的社会阶级都平等地消费资产阶级创造出来的文化产品，这就使得无产阶级彻底失去了对现存世界的超越维度和批判维度。资产阶级通过这种方式论证了阶级剥削和阶级压迫的合理性。

这种社会显然不是一种和谐自由的文明社会，相反的，它是一种压抑的、病态的社会，人在这种社会中处于被控制和被安排的悲惨境地。表面的"合理社会"不能掩盖人被迫接受、适应与顺从外部力量的实质，生命的本能不能得到满足，而反对的声音越来越微弱。马尔库塞在《爱欲与文明——对弗洛伊德思想的哲学探讨》中提出：西方发达社会的症结不在经济生产的领域中，也不在阶级的对立和冲突中，而在现代工业文明的压抑性。在现代社会中，似乎没有物解决不了的问题，我们所遇到的一切矛盾和冲突都是因为没有足够的金钱。于是，所有人的共同目标指向了更多的钱与物，越来越多的人被资本主义同化，进而使这个社会变成了一个没有真正的反对派和新力量的社会。在这个新的极权社会中，社会完全一体化，现代科学技术操控着人的生命活动。马尔库塞提出了"非压抑性生产方式"的概念，希望实现向现阶段文明有可能达到的新阶段的过渡。这就意味着"使传统文化颠倒过来，不论是物质上的还是精神上的，就要解放迄今为止一直受到禁忌和压抑的本能需要及其满足"①。

马尔库塞试图诉诸现代工业文明的压抑性。在我看来，这种观点是不能成立的。使用价值和交换价值的辩证关系是矛盾的根源。在资本主义社会中，商品形式成为社会的基本形式。卢卡奇正确地看到，"一个商品形式占支配地位、对所有的生活形式都有决定性的影响的社会和一个商品形式只是短暂出现的社会之间的区别是一种质的区别"②。卢卡奇进一步揭示了物化现象的隐秘机制。一方面，劳动对象的专门化、劳动过程的机械化和劳动的固定化使得工人阶级对外在于自身的生产过程只能采取一种纯粹直观的态度。另一方面，资产阶级生产过程把工人抽象为他身上装载着的一定量的劳动时间。高度组织化的资本主义社会把现实的人打散为相互隔绝的孤立的原子。个体只能陷入对外部对象的铁的必然性的崇拜，不能建立起人与对象、人与他人以及人与自身的有机联系。由此，我们也就不难理解大众文化的欺骗性特征。

简单地说，法兰克福学派的启蒙理性批判、技术理性批判和大众文化批判是不可分割的，在本质上都可以说是对发达工业社会的文化—意识形态层面的批判。大众文化批判适应了发达资本主义国家由政治统治转向文化统治的历史进程。法兰克福学派提出，资本主义经济结构不断地生产出标准化、齐一化的大众文化，人的创造性、独特性和反思性都被纳入工具合理性的历史过程。由此，启蒙理性逐渐沦为了自我毁灭的理性。而大众文化的欺骗性特征必然会掩盖阶级剥削的实质。娱乐工业体系以独特的大众传播媒介操纵物化的、虚假的文化，使作为历史主体的无产阶级逐渐沦为被动的、

---

① 〔美〕赫伯特·马尔库塞：《爱欲与文明——对弗洛伊德思想的哲学探讨》，黄勇等译，上海译文出版社，2012，"1961 年标准版序言"，第 2 页。
② 〔匈〕卢卡奇：《历史与阶级意识——关于马克思主义辩证法的研究》，杜章智等译，商务印书馆，1999，第 149 页。

消极的、缺乏超越维度和批判维度的"单向度的人"。

二　抵抗的大众——大众文化视域下的积极主体

不同于文化工业理论把大众文化看成被动的和消极的，费斯克的大众文化理论指出，大众文化具有解放作用。这种文化观念并未把大众看作被动的、消极的客观实体，而是认为"大众（the people，the popular）、大众力量（the popular forces）是一组跨越了所有社会范畴的变动的效忠从属关系（a shifting set of allegiances that cross all social categories）"①。大众文化虽然处于从属地位，但它是在与宰制性力量的对抗中不断生成的，因而也是一种反抗霸权的积极力量。

快感、欲望不仅是分析人们日常心理的依据，而且是研究当代社会文化的武器。在文化学研究视野中快感是一种彻底解放的状态，是非压抑的快乐。尼采将快感视为对理性主义的敌对。弗洛伊德从精神分析层面指出对快感的追求是人生命的至深本能，快感原则与现实原则相矛盾而受到现代文明的压制；沿着这一进路，费斯克在"生产性文本"基础上构建了快感的抵抗与解放理论。

费斯克认为大众的抵抗方式有很多，其一是符号形式的抵抗。费斯克认为大众通过生产代表自己意义与快感的符号来对意识形态进行抵抗。符号形式的抵抗是基于"生产式文本概念"，费斯克认为传统文本概念局限于文学作品领域，惯常将文本分为"读者式文本"与"作者式文本"（罗兰·巴特语）。"读者式文本"强调读者倾向于将文本的意义作为既定意义来接受；"作者式文本"强调读者在某种意义上也是作者，读者可以在文本间隙中创造新的文本，例如大众既可以接受电影试图传递给大众的既定意义，也可以根据自身独特的体验或经历在原文本中生产出自己的意义与快感。费斯克在此基础上主张要扩大文本概念，可以把一切文化现象都视作文本，并

---

① 〔美〕约翰·费斯克：《理解大众文化》，王晓珏等译，中央编译出版社，2001，第 29 页。依据原文有所改动。

鼓励大众根据自己的方式生产新的快感与意义（具有抵制、解放意义）。以牛仔裤为例，"通过穿牛仔裤，我们接受了此意识形态之内的主体位置，成为该意识形态的共谋者"①。但对牛仔裤漂白、撕裂（打破常规）的抽象意义在于大众肯定人们有权力亦有能力将商品改造为自己的文化。至此，费斯克建构了一种意义、快乐、身份为交换流通物的文化经济学理论：商品转变为一种具有潜在意义和快感的话语结构文本，大众则从被动的受众转变为阅读文本的意义和快感的生产者，大众可以根据自己的方式解码"社会文本"，并且通过各种各样的再编码实现快感的再生产。

　　其二是日常生活中的抵抗。大众的日常生活是大众与资本主义对抗的场所。尽管大众承受着各种法律、规则、权力、话语的压迫，但是总能采取各种各样间接的、迂回的、游击战的方式对抗宰制性力量，费斯克在理解大众文化中将此称为"权且利用"的艺术。例如，租客在租赁房屋过程中与房东形成了制约关系，房客可以通过更改家具位置、重新布置房间来灵活地表达自己的快感，从而对宰制性力量形成抵抗；中学生不得不穿校服，但可以通过更改校服长短、为校服增加配饰等方式表达自己的权利；在消费主义盛行的时代，我们可以去大型商场试用各种各样的化妆品或是穿各种各样的新款衣服，但并不消费，只体验不消费，在某种意义上也是对消费主义的抵制，费斯克将这种行为称为灵活的"游击战术"。德塞都深刻地总结道，"我们生活其间的官僚体制商业秩序其成功本身，富于悖论色彩地创造出自我颠覆的成分，而现在它的存在本身，恰恰依赖着一些裂隙与弱点，正是这些裂隙与弱点，使它在大众的突袭面前显得如此脆弱"②。

　　其三是狂欢节式的抵抗。费斯克认为，纷繁的传播媒介使后现代文化呈现出爆炸后的狂欢状态，大众面临更加光怪陆离的视觉奇

---

① 〔美〕约翰·费斯克：《理解大众文化》，王晓珏等译，中央编译出版社，2001，第19页。

② 〔美〕约翰·费斯克：《理解大众文化》，王晓珏等译，中央编译出版社，2001，第51页。

观。在"看"与"被看"形成的权力关系下，人被异化为图像拜物教的盲流。巴赫金指出，视觉时代的狂欢意味着，"决定日常生活结构和生活秩序的法规条文以及各种清规戒律等非狂欢节式的东西都被抛在了一边"①。无论是通过现实中的狂欢节，还是通过电视上的狂欢节，被压抑的身体都得到了解放。一方面，这种快感可以满足个体的欲望，确立自我的价值。另一方面，它在根本上是对压抑和权力的反抗。狂欢使身体毫无顾忌地逃避社会秩序和社会规训，权力的逆转和身体的倒转产生平等自由的快感，大众通过这种快感与政治权力展开博弈。尽管统治阶级以各种各样的方式对大众予以压制和规训，但大众也用各种各样的方式去逃避和抵抗。

　　费斯克的文化批判理论显示了身体编码与解码的丰富性和复杂性。他赞同快感是多意义的、美学式的、政治式的、心理学式的，作为微观政治潜能的大众，自身具有稳定的政治倾向和权力观念，他们通过身心的愉悦创造了特定社会结构中的社会主体，但我们也要看到费斯克积极大众文化理论的局限，费斯克对大众文化不加批判的褒扬，带有强烈的主观性，体现了一种文化民粹主义倾向，它更多的是知识分子对大众的一种理想。正如当前流行的社区文化概念，有不少学者认为社会团体是一个代号，它标志着共同的思想、假设、情感，用来代替所谓"阶级的团结"，社区的核心不是一个结构，而是一种感觉（情感强度），人们社会生活的改变并不是因为革命实践，而是因为遇到了"其他有感觉的人"。在罗斯玛丽·轩尼诗的理论中生活的改变并非源自经典马克思主义的社会变革，而是源自革命之爱，源自自己遇到的人、源自社区的友爱、源自他人给予的感觉力量，似乎权力永远掌握在人民手中，人民作为自发的演员、积极的分子，其作用是在于民间社会，而不是生产。我们可以看到在人文主义传统中流行着一种私有化美学，它掩盖了造成社会对立的阶级不平等的知识，善恶的两分法几乎消失了，其结果不外乎是

---

① 〔英〕约翰·斯道雷：《文化理论与通俗文化导论》（第二版），杨竹山等译，南京大学出版社，2006，第131页。

导致一种单纯的、幼稚的民粹主义。

三 大众主体的本质——模糊阶级对立

事实上，无论是文化工业理论下"消极的大众"，还是费斯克所设想的"积极的大众"，最终都导致了对阶级冲突的掩盖和消解。似乎在发达工业社会中，资本主义已经被普遍地合理化了。卢卡奇认为，资产阶级虽然也是被物化的客体，但是可以在被物化的处境中获得表面的主体的地位，因此可以对当前的资本主义社会采取一种直观的态度；无产阶级则有可能意识到阶级剥削是劳资关系的本质，最终在生产劳动中不断地改变着现存的世界。卢卡奇主张在自我意识中实现总体性的辩证法，试图在现存世界的内部对立中谋求超越资本主义制度的现实途径。这也是整个西方马克思主义的总体倾向。问题在于，文化批判理论不应该简单地抛弃马克思主义政治经济学的合理内核，而是应该在新的历史条件下重新挖掘劳动和剥削的本质关联。正如劳伦斯·格罗斯伯格认为的那样，"文化研究必须明确回到经济学问题和剥削劳动上来，如果文化仍要能够理解、回应和转变不平等系统不断变化的布局"[1]。

法兰克福学派与费斯克从不同的角度探索了文化与实践的关联，最终揭示了文化所具有的意识形态特征。文化本身具有二元对立的特性，简单地说，大众文化既是对社会存在的反映，同时也具有批判和改造现存秩序的积极功能。法兰克福学派的文化工业理论实际上源自马克思主义政治经济学中的商品拜物教理论。卢卡奇在《历史与阶级意识——关于马克思主义辩证法的研究》中看到了这个问题："只有资本主义社会才随同实现整个社会的统一经济结构，产生出一种——正式的——包括整个社会的统一的意识结构。而这种意识结构正好表现在，雇佣劳动中产生的各种意识问题以精致的、超

---

① L. Grossberg, "Speculations and Articulations of Globalization," *Polygraph* 11 (1999): 16.

凡脱俗的，然而正因此而更加强烈的方式反复出现在统治阶级那里。"① 资本主义社会的普遍物化同时带来了统一的意识结构，人的一切特性和才能全都成为可以出卖的商品，法兰克福学派实际上也是从生产力对生产关系的决定作用出发，说明大众文化也是特定历史阶段中对社会整体的意识形态反映。

费斯克继承了马克斯·韦伯的文化主义传统，提出了"文化经济学"，试图将文化批判与政治经济学研究结合起来。费斯克的理论以上层建筑为核心，用文化政治学批判取代了政治经济学批判，进而回答了文化对社会发展的作用。韦伯在《经济与社会》中提出了身份（文化）群体理论。该理论认为，文化在决定人的身份秩序方面具有独立性，拥有不同文化或信念的人在社会中处于不同的地位。在韦伯看来，社会分层并非只与阶级有关，其形成还涉及地位和政党两个方面。韦伯不是从生产出发而是从市场出发来论述他的分层理论，他相信"一个人的市场地位强烈地影响着他的整体生活机遇"②。与费斯克"抵抗的大众"的观点类似，韦伯同样认为大众具有积极的反抗意识，拥有不同文化或信念的人对社会文本的解码能力不同，对社会权力的抵制程度也不相同。由此导致的结果就是，知识越高的人似乎越具有"领袖"能力。《新教伦理与资本主义精神》中强调，文化在维持和再生产社会关系中起到了一种杠杆作用。工具理性对价值理性的取代使资本主义活动丧失了文化根基，现代资本主义的发展不能完全脱离道德情感的支撑和依托。

既有的文化研究通常将"大众"理解为"后阶级"，这是由文化批判理论的"去经济学化"倾向导致的。马克思在《资本论》中的研究对象是资本主义生产方式以及和它相适应的生产关系和交换关系。剩余价值是理解马克思主义政治经济学的核心概念之一。通

---

① 〔匈〕卢卡奇：《历史与阶级意识——关于马克思主义辩证法的研究》，杜章智等译，商务印书馆，1999，第166页。

② 〔英〕安东尼·吉登斯：《社会学》，赵旭东等译，北京大学出版社，2003，第360页。

过对剩余价值的分析，马克思系统地勾勒出资本主义社会形态的产生、发展与消亡的历史过程。工人是一种特殊的商品，它的使用价值是价值的来源。在资本主义生产过程中，生产资料的价值只是转移到新的产品中，而工人却能够生产出在自身价值之外的剩余价值，这种剩余价值是由工人的剩余劳动创造的。资本主义剥削的秘密在于，资本家无偿地占有工人的剩余劳动。《资本论》标志着马克思主义政治经济学的完成，它使历史唯物主义真正成为科学的原理。坚持真理多元观的学者主张所有的知识都是局部的，普遍的社会真理并不存在，马克思主义对雇佣劳动及意识形态的批判既不能指导集体实践，也不能把所有人从资本逻辑中解放出来。问题在于，"抵抗的民粹主义"抽象地谈论理论与实践的同一，而不是在现实历史运动的层面探究其背后的根源，它必然沦为一种"空洞的民粹主义"。这种民粹主义观点颂扬社会大众对资本主义物化结构的象征性抵抗，但无法说明这种社会不平等的实质，也即为什么少数人可以依靠多数人的无报酬的剩余劳动来维持自己的生活。

文化批判理论的"去经济学化"倾向没有在传统意义上理解马克思的阶级理论。例如，弗洛姆（又译弗罗姆）把"重占有的生存方式"看作物化人格的本质特征，而私有财产、利润和强权则是这种生存方式的社会基础。这已经看到了现代社会的根本矛盾，即物化现象是异化结构在人的生存结构中的深化和内化。但是弗洛姆给出的解决方案仍然带有理想化的特征。在弗洛姆看来，要克服现代人的深层异化，就要超越重占有的生存方式，确立重生存的生存方式的主导地位。"重生存的生存方式的先决条件是：独立、自由和具有批判的理性。其主要特征就是积极主动地生存。这种主动性……是创造性地运用人的力量。"① 弗洛姆的思想具有人道主义的特征，他试图激发人类内在的抗争能力，但是这种抽象主体只能在资本主义的物化结构中不断地定义自身，不具有推翻资本主义统治的实际力量。

---

① 〔美〕埃里希·弗罗姆：《占有还是生存——一个新社会的精神基础》，关山译，三联书店，1988，第94页。

　　唯物主义文化研究可以提出这样的问题来驳斥话语主义：我们能否将种族的二元对立仅仅视为由某些价值观的特权而产生的文化冲突，而这些价值观随着我们用来理解他们的话语的改变而改变？如果在物质矛盾的根源上理解种族冲突，是否能够更为有效地看待一个社会中的权力和财富？难道大众文化和高级文化之间的区别仅仅取决于我们的价值判断吗？如果把文化视作纯粹精神的产物，那么，在现存的经济制度下，我们要怎样消灭这些社会冲突？同样地，如果我们把主体仅仅看作消极的存在，那么推动历史变革的决定力量在于何处？如果我们把主体理解为抵抗的大众，同时又把抵抗程度归结为解码能力（即知识水平），这是否又带有某种文化精英主义的特征？

　　由此可见，我们必须基于现实社会的权力关系来理解世界上的各种冲突和矛盾，而不能仅停留在文化和意识形态的层面。不同理论对大众实际地位的看法存在差异。但毫无疑问的是，大众文化在某种程度上掩盖了资本与雇佣劳动之间的尖锐矛盾。为了避免让文化批判理论沦为一种统治阶级的意识形态，就有必要在文化研究中重申劳动与实践观点的重要地位，在这个基础上说明我们如何理解社会主体的问题。这也是近年来学术界讨论的热点问题。

第三节　文化主体：斯图亚特·霍尔的文化身份理论及其影响

一　文化身份理论缘起

　　如果对于大众的研究仍带有阶级研究的色彩，即尽管摒弃了经济因素对于群体的决定性作用，但探讨大众是被资本主义意识形态操控的群体或被认为是激进的、民粹主义的对主流文化有颠覆性的群体。斯图亚特·霍尔的文化身份理论则近乎脱离了阶级研究，认为话语（文化）是现代主体构建的核心要素。霍尔的文化身份理论的缘起主要是基于以下三个方面。

　　（1）就思想根源而言，显然与西方马克思主义整体去经济学化有关。霍尔在《文化研究：两种范式》中区分了文化主义与结构主义各自的优越性与局限性：前者显然源于对经济决定论的片面反击，即主要强调文化（意识）的作用；后者尽管是出于对经济决定论与意识决定论的反击，但更多的是对单个因素决定论的反驳。如何调节一元与多元、如何总体地认识和定位历史发展的动因（包括客体、主体两方面）显然仍旧是文化研究的未解之谜。霍尔认为文化主义抛弃了高雅文化、低俗文化的二分，在反利维斯主义基础上赋予了文化是整体生活方式的定义，将文学与文化拓展到了对日常生活的研究中去，在方法论上开启了一种世界即文本的大文化观，但文化主义显然带有浪漫色彩。这便凸显了结构主义的优势——结构主义首先反对文化主义的经验先在性，其次承认抽象的必要性；强调应该通过结构的方式来说明社会现实、要将抽象分为不同层面、不同层次，并且在系统化中不断地修改这个结构。结构主义也强调实践的总体性，认为历史总体是由不同的实践（多元决定）构成的。显然结构主义更关注现实不同因素的相互关系、相互作用，可以将文化研究导向一个更为现实主义的方向。霍尔把文化主义置于马克思主义、结构主义、葛兰西主义的话语之中，探讨各种结合的可能性。霍尔在总结和批判前辈们的理论成果的基础上，将文化主义范式的理论核心和应用价值推广到了英国工人阶级共同体以外的其他共同体（性别、种族、民族、亚文化等群体）的研究过程中，也由此推动了国际人文学界的文化转向。

（2）现实影响。就英国而言，第二次世界大战结束后，亚、非、拉等殖民地纷纷宣布独立，与此同时大量殖民地的移民涌入英国。英国先前的社会结构、社会性质以及国民身份都发生了变化，激起了"自我"与"他者"在政治上、文学语境中的对立，公民身份成为英国社会主流群体和少数族裔共同的话题。在政治上，一方面是英国保守的撒切尔主义，号召建立"英国人意识"；另一方面是移民群体、少数族裔在共同参与英国的建设发展中要求政治上的权利，强调公民身份在政治制度上应该赋予每一个公民普遍的、平等的权利。在文学上，一方面，在殖民地生活过的英国本土作家将文学视野投入描述殖民地传统文化与种族冲突；另一方面，旅居或移民英国的后殖民作家也用修正主义的视角来看待大英帝国的殖民历史。

例如，世界历史关注欧洲对非洲的影响，却鲜有学者研究非洲在欧洲现代化进程中的反向影响，对于世界范围的相互联系的研究模式才刚刚向学术界开放，毕竟长期以来，这种模式被殖民者片面的目光所阻碍。以殖民主义和反殖民主义洞悉世界复杂性与互联性上也有其自身困难，例如，二战后的"现代化理论"打击了计划性变革的乐观自由主义态度，但忽视了殖民和帝国历史的特殊影响。"世界系统分析"论倒是抨击了后者，揭开了"不发达地区的发展"的真实情况，但除了关注殖民地和半殖民地的不发达经济，很少关注其他方面。至于反殖主义方面，则是压倒性地强调殖民统治的压迫性和剥削性。关于后殖民研究，起源于都市影响下研究英国文学的前帝国主义作家、后殖民人类学作家，后民族主义历史学者，无论是印度的"庶民研究"还是对欧洲、北美以外后现代主义的研究，都是开启新研究议程的关键。这意味着对殖民地遭遇的多方面复杂性有了新的认识，其中包括吸引与排斥、服务与剥削、真诚与虚伪以及其他同样多方面的制度和文化影响的各种混合体。

在学术上，这使学者们对现代欧洲以外的文化史产生了越发浓厚的兴趣，并对前殖民路线和交流有了新的认识，随着殖民与后殖民文学的兴起，对于身份政治的研究也成为热点。白种克里奥尔人女作家吉恩·里斯、美国作家弗拉基米尔·纳博科夫，包括霍尔本人，他们在跨语言文学写作、翻译，多国居住或流亡的经历中感受到了危机意识和身份恐慌情绪；同时，就全球而言，20 世纪 90 年代，全球化成为不可阻挡的历史潮流，多语言、多文化环境不可避免，身份认同问题进一步凸显。

（3）霍尔的个人经历。霍尔出生于一个非常多元化但具有浓厚殖民主义色彩的家庭。其父母均属于中产阶级，全家的种族组合十分多元。尽管父母是有色人种，但由于被殖民文化同化，他们在文化和肤色上对牙买加黑人都非常排斥，以至于霍尔虽然生活在英国却时刻要被提醒自己的牙买加人身份，在英国的白人社会当中，他是作为一个他者存在的。霍尔在 1987 年《最小的自我》（"Minimal Selves"）这篇文章中，以自传的形式书写了这种身份上的分裂和迷茫："我对这两个地方都十分熟悉，但是我也都不全部属于其中某个地方。这正就是一种流离失所的经验，远的能够见到流亡和失去的感觉，近的能够了解总是延迟到来的谜。"① 简单地说，混杂族裔身份、个人经历、去阶级化现象、撒切尔主义、文化霸权主义、多元文化主义等因素共同催生了霍尔对文化身份的研究。

二　文化身份：历史、话语、差异构建的产物

"身份"归根结底是要回答我是谁，这就涉及一个非常古老的哲学问题：人在面临内部外部环境时是否能够保持自我，即保持一致。所以要回答什么是"身份"，就需要先回答以下三个问题：（1）自我是什么，是理性的还是感性的，是稳定的还是变化的。（2）自我与他者的关系是什么。"他者"既可以是宏大的国家、民族的意识形态，也可以是群体，还可以是单独的个体，由此追问"他者"在多大程度上决定了自我身份的构建。（3）除去客观物质因素，符号、语言是否可以建构身份，由符号与语言建构的身份是否会导致自我的一致性，"身份"的定义殊为艰难，当前国内外学界对于身份概念的使用和界定还是模糊的。我们溯源 identity（身份）的语言学意义，identity 来自拉丁文 idem（表示同一、相同），因此 identity（身份）在普遍的认知中具有两层含义：其一表示同一、一致性；其二表示本身、身份。所以 culture identity 在不同的文章中既被翻译为"文化身份"，又作"身份认同"。霍尔将其关于身份的理论称为"文化身份"，显然更侧重于文化（话语）对于身份的建构。根据上文，我们在理解其文化身份理论时显然要注重两个逻辑脉络：文化

---

① 陈光兴：《文化研究：霍尔访谈录》，台北远流出版事业股份有限公司，1998，第 31 页。

（话语）是如何规定群体身份的一致性的；反之，如何通过改变文化（话语）去构建身份。对于前者的追问衍生了霍尔在《文化身份的问题》中三种概念化的身份观。

（1）哲学身份。所谓哲学身份，源自启蒙时代的自足主体。自从智者学派的普罗泰戈拉提出"人是万物的尺度"，西方哲学的研究视野就从认识自然转向了认识自己。以笛卡儿为代表的西方理性主义是哲学身份的逻辑起点。笛卡儿认为自我被分裂为理性的自我与激情的自我：理性的自我是稳定的，激情的自我是不稳定的，所谓"我思故我在"中的"我思"就是理性的自我。理性的自我具有三重规定性：其一，先验性。理性意识在主体出生前就存在，不同于经验论，理性是知识和意义可靠的基础。其二，恒定性。理性不同于感性之处就在于理性是不可怀疑的，是本质，是恒定不变的。其三，自足性。理性的自足性、圆满性可以见诸西方形而上学传统，其巅峰发展是黑格尔的"绝对精神"，即世界始于绝对精神亦复归绝对精神。在这一视域下，传统的身份话语逻辑遵循本质主义，即认为不管外部世界如何变化，最真实的自我是恒定不变的，人们对于何为自我的追求不管形式如何变化，本质上是一致的。

（2）社会学的身份。所谓社会学的身份，是强调自我与他者的互动。这一转变显然与消解笛卡儿的自足、恒定的自我的优越性有关。毕竟在经验主义学者那里，人的自我认识不过是大量知觉的产物，它随着经验的不断发展变化，人对于自我的认知也是发展变化的，所以不存在恒定不变的自我身份。正是在这一意义上，马克思既不是唯心主义者，也不是机械唯物主义者，而是强调主客观之间的对象化关系，认为人是在对象化的关系中不断丰富自我认识，最终实现人的全面解放。自我与他者的互动存在两个层次。首先是历史共有立场，即个人身份与集体身份共享同一宗族起源与地理起源。在此前提下，个人身份可以被认为是稳定的，比如常年旅居海外的中国留学生，尽管接受了西方文化的熏陶，但在本质上仍对中国文化充满认同，"中国人"是其不变的恒定的身份。但是霍尔也批评了这一立场，因为它忽略了漫长历史时间和广阔异域空间的影响，毕竟生活在美国的黑人与生活在加勒比的黑人是不同的，对于历史共有立场的强调往往是出于保护族裔文化（本土文化）的需求——霍尔把非裔加勒比黑人对本源的追寻看作寻求独立文化而采取的一种思维模式，在此过程中黑人的"真正形象"是在想象与真实的来回跳跃中被建构起来的，被建构的形象所代表的身份如"勤劳""原始""自由"等实际上是使分散的、破碎的散居的群体不至于在白人文化有意识的冲击下彻底被同化。其次是语言共有立场。以胡塞尔为代表的主体间性理论以及哈贝马斯的交往行动理论主张以对话重塑交往关系与普遍共识，认为一切都需要在普遍的对话、讨论与协商中得到统一，当然真正起作用的并不是语言能力而是在其中作为主导的交往理性，所以尽管社会学的身份更强调自我与他者的互动，但还是倾向于认为身份的本质是稳定的、同一的。

（3）后现代的身份。所谓后现代的身份，强调身份是由差异建构的。霍尔首先消解了西方中心主义，认为我们赖以区分的一些标准如东方/西方、野蛮/文明、黑人/白人、殖民/殖民地、现代/传统，实际上与古老的阶级区分一致，是西方霸权与政治的产物，其核心是在全球化语境下对西方中心主义的支持。集体性的差异根本不是源自历史或宗族，而是在差异内由霸权与政治构建的。因此资本主义文化、霸权文化和意识形态对身份的产生实际上要从断裂的视角理解，即身份本身在漫长的人类历史发展中并不是持续发展的，而是随着社会形态的变化断裂的，由此断裂中文化身份的构成性是研究的重点。其次，在西方中心主义逻辑的影响下，语言本身也可以构建身份差异——使用不同的语言可以展示不同的身份，同一种语言的不同表述也会造成身份的差异。例如，受到西方中心主义的影响，在国际场合讲英文的人，被认为更国际化，相应的受到的教育更好，也更值得尊重。具体到同一种语言，英语口音分为伦敦口音、美国口音、黑人口音等。伦敦口音似乎代表了正统、高贵，或者英语流畅者与英语不流畅者在实际的环境当中会影响人们对其身份的判断。最后，所谓西方中心主义归根结底是工业化、资本力量，资本主义意识形态在历史中起了先导作用，意识形态在消费社会是通过符号象征差异来表现出不同身份的。后现代消费理论认为，资本家为了激发群众消费赋予物大量的符号意义，人们为了获得符号价值而进行消费，消费便从"无意义的消耗"直接成为一种占据主导地位的生产力。在此意义上，鲍德里亚强调消费社会本质上就是一个符号社会，它将消费变为人们确认自己身份、品位、地位、学识等的标志。在鲍德里亚看来，"物体从不在其有用的功能性中消费自己，而是表现为特权的符号意义"①。符号价值的根本在于制造差异，不同的生活方式被认为比作为消费的必要前提而必须建立的劳动关系更为重要。身份认同社会中身份掩盖了阶级差异，基于此霍尔认为后现代的主体具有不稳定身份，身份是可以建构的。

综上，文化身份本质上来说是历史的、语言的、差异的构建产物。霍尔的作品主要是对黑人文化身份建构做了分析。首先，黑人在文化身份上的危机可以追溯到 15 世纪，在工业革命发展时期，非洲黑人被贩卖到欧洲、美洲等殖民地国家的种植园进行劳动，显然现在欧美等国家和地区的黑人主要是殖民时期黑人奴隶的后代。当时不仅奴隶被视为奴隶主的私人财产，连黑人奴隶的子女也属于奴隶主的私人财产，受这一观念的制约，当代黑人在现实社会中仍然遭受到排斥，很难融入主流社会。其次，尽管奴隶制早就被废除，以美国为例，在南北战争时期《解放黑奴宣言》的颁布废除了奴隶制，但在现实生活中，美国南部的黑人生活仍然十分艰苦，在身体上和精神上饱受压迫，黑人的彻底解放是《解放黑奴宣言》颁布后又近百年斗争的结果。再次，作为生活在底层的普通人，黑人遭受到歧视，就不得不思考非洲与我之间的关系、非裔英国人/美国人与我之间的关系，对于这一关系的态度主要分为两种。以戏剧《钢琴课》中的主角威利与柏尼丝为例，威利从小目睹了残酷的剥削史，

---

① J. Baudrillard, *For a Critique of the Political Economy of the Sign*, New York: Telos Press, 1981, p. 32.

因此希望买下祖辈们的土地，认为拥有土地就拥有了与白人一较高下的资本，似乎在那块土地上承载的不仅是当下的劳动，承载的更多的是黑人与白人斗争的历史。无论是购买承载着祖辈们历史的钢琴还是土地，本质上都是为融入主流社会做努力，这代表了一部分非裔想通过努力摆脱过去、摆脱屈辱的历史，重新生活。但这一状态显然是纠结的，因为重新生活的代价是时刻要记着过去，对黑人历史与文化传统的抛弃是无法找到未来的出路的，因此非裔必须对黑人身份的传统与历史进行反复建构。与此相反，在戏剧中柏尼丝不愿意触碰任何承载过去屈辱历史的东西（钢琴），将痛苦的回忆视为枷锁，这与现实生活中一些黑人彻底地否定黑人的历史、不愿意触碰与黑人相关的一切文化是一个道理，即通过绝对的否定试图建立一个完全的美国人、英国人身份，然而他们在现实生活当中又会遭到其他白人的非难与根深蒂固的歧视，这也会带来一种身份的焦虑。在此基础上，霍尔思考了如何重构黑人文化身份。他提出了三条策略：其一，颠倒各种定见。主要指通过电视剧、电影、文学作品等传播媒介改变黑人从前的定型形象。其二，形象取代策略。通过构建一系列积极的黑人生活方式、文化形象，来丰富黑人形象，进而取代之前单薄的黑人形象。其三，夺取表征权力。基于黑人自我身份的觉醒，黑人开始自觉表现自身的文化身份，主动争夺表征权力。

三 文化身份批判理论的归宿——使剥削免受批判

（1）永远处在建构中的身份。"身份认同从散发性和心理分析的全部储备上获得意义，且不受二者的限制。"[①] 由于对身份定义的语义领域过于复杂，"身份"概念始终无法获得一种严格的、完整的意义，就像所有重要的概念一样，它始终是"运动的""延异的"，由此所带来的对身份概念的散发性态度，使身份被认为是一个永远处在建构中、永远未完成的工作，它遵循"从多不从少"的原则，

① 〔英〕斯图亚特·霍尔、〔英〕保罗·杜盖伊编著《文化身份问题研究》，庞璃译，河南大学出版社，2010，第 2 页。

将会始终随着社会历史的发展不断被叠加，不断处在碎片化状态。事实上，文化身份理论显然是后现代的产物，即受到抛弃宏大叙事、抛弃辩证法，转向微观叙事、碎片化叙事的后现代思维的影响。由此身份理论的"批判性"高度并不高，因为它并不是批判资本主义，而是分析资本主义文化领域内现象的复杂性，基于资本主义时代对现象的分析与基于前现代对现象的分析是一样的，由此在身份问题上与散发性态度相对立的是自然主义，所谓自然主义就是指身份的认同来自自然的、历史的来源的共享性，比如来自共同的国家、民族、社区等，其本质是承认一种外部环境的漫长影响，是属于自然主义的。换言之，如果对"身份"的研究是基于社会形态更迭、基于人的解放的高度，那对于身份的探究一定会涉及经济因素而非仅仅就文化谈文化。另外，身份认同始终是有条件的，是具有偶然性的，身份一旦被构建起来，就会形成差异，差异一旦形成就不会轻易地消失，在此意义上群体要达到稳定的、同一的共识显然是一种浪漫的幻想，社会中的人类关注的焦点将是"个体""差异""个人利益"，由此导致的个人主义强化了工业社会原子式的个人，那么从共同利益和阶级角度出发形成稳定的革命力量就非常难以实现。

（2）与"外部"失去联系，转向了一种不确定论。社会身份是对外部世界的反映，但它同时也是主观意识的产物，因此身份理论必须转向心理分析，在个体意识中谋求对自我的解释。首先，我们是否能够实现身份的一致性，这个问题从一开始就是充满歧义的。弗洛伊德把它类比为"和另一个人情感纽带的最早表达"。比如，在恋母情结中，父母既是作为爱的对象，同时也是爱的竞争对象，对自我的认知就包含了这种矛盾的情感。弗洛伊德也拿"悲恸和精神忧郁症"作类比。在这种症状中，"不是绑定某物于一个已存在的物体，而是把其绑定于一个已被抛弃的物体选择"①。换言之，对缺失

---

① 〔奥〕西格蒙德·弗洛伊德：《群体心理和自我分析》，转引自〔英〕斯图亚特·霍尔、〔英〕保罗·杜盖伊编著《文化身份问题研究》，庞璃译，河南大学出版社，2010，第3页。

的弥补依赖于具有理想化特征的"另一个",而对"另一个"的塑造可能被带回"无意识的自我"。在拉普朗虚和彭大历斯看来,"视做整体的身份认同绝非一个有机统一的体系。与超自我的中介共存的需求是变化纷繁的,有矛盾冲突,又无序混乱的一样,理想的自我是由身份认同和并不一定和谐的文化理想组成"① 的。在心理层面上对身份的解释过于复杂,所以拉康从意识形态、权力话语等外部因素转向了对心理动因的研究。拉康拓宽了文化身份研究的理论视野,揭示了身份的虚幻性、分裂性和不稳定性。但他还是侧重于分析身份在特定实践中的不同内涵,由此形成了差异和排他的相关论述,最终回到了"身份是一个差异"的构建物机制中。这就导致身份理论转向了一种不确定论,比如阿尔都塞的"多元决定论"。阿尔都塞有关意识形态的镜像结构的论述,"力图绕开经典的马克思主义意识形态理论的经济主义和简化论,还把意识形态再现社会生产关系(马克思主义)的唯物主义功能和(借自拉康)意识形态在主体构成的象征符号功能双方纳入同一个解释性框架中"② 。但是这种理论既无法说明物质理论的基础性作用,也无法解释意识在多大程度上以及在何种结构中可以起主导作用。

(3)对差异的追求恰恰掩盖了差异。例如,人们为了符号价值而消费,是希望从中获得一种身份和建构的意义。布尔迪厄认为人们所消费的商品和消费方式构成不同阶层的"生活方式",社会地位和阶级群体可以按照不同消费模式进行区分——社会中下层模仿上流社会的消费模式,上流社会为了保持群体性的差异而不断进行消费模式的创新。符号价值的根本是制造差异,不同的生活方式被认为比作为消费的必要前提而必须建立的劳动关系更为重要,其所构

---

① 〔法〕吉恩·拉普朗虚、〔法〕尚·柏腾·彭大历斯:《精神分析语言》,转引自斯图亚特·霍尔、〔英〕保罗·杜盖伊编著《文化身份问题研究》,庞璃译,河南大学出版社,2010,第4页。

② 〔英〕斯图亚特·霍尔:《导言:是谁需要"身份"?》,〔英〕斯图亚特·霍尔、〔英〕保罗·杜盖伊编著《文化身份问题研究》,庞璃译,河南大学出版社,2010,第7页。

成的身份差异如男人、女人、黑人、拉丁美洲人、同性恋者，比他们是工资工人这一事实更重要。对差异的崇拜正是建立在差别丧失的基础上，事实上，阶级从未消失，只是这个概念被掩盖了，人们在符号化的消费社会陷入统治阶级创造以及传扬的文化意识形态中，只关注自己可以获得认同的文化标记，忽略了自己每天首先是作为出卖于资本的被剥削者。由此，资产阶级对剩余价值的历史性的具体占有变得自然化、日常化，身份差异对阶级差异的掩盖使剥削免受批判。

从经济主体走向文化主体实际上涉及政治权力与统治结构的问题。有的学者曾概括政治经济学和文化研究的根本差别：前者把阶级——获得生产资料的结构和分配经济剩余价值的结构——看作统治结构的关键；后者则把性别、种族以及其他潜在差异的制造者看作另外的统治结构，这种统治结构并不能完全地为阶级所决定。① 在马克思主义政治经济学中，研究资本主义生产方式首先从对商品的分析开始。在资本主义生产方式下，生产资料和劳动产品属于不同的所有者，人们只能通过交换来占有对方的产品。生产以交换为目的，而交换必须遵循等价交换的原则。由此，私人劳动和社会劳动的矛盾是商品经济的基本矛盾，无产阶级和资产阶级的尖锐对立只不过是必然的逻辑推论。对社会权力和统治结构的分析必然要追溯到生产力—生产关系的矛盾运动。换言之，生产方式是划分社会形态的基本标志，制约着整个社会生活、政治生活和精神生活的过程。

因此，带有话语主义倾向的文化身份理论不能客观地说明世界历史的发展过程。在马克思生活的年代，资产阶级和无产阶级的矛盾十分尖锐。共产主义革命的性质在于，"它推翻一切旧的生产关系和交往关系的基础，并且第一次自觉地把一切自发形成的前提看做是前人的创造，消除这些前提的自发性，使这些前提受联合起来的

① 参见〔英〕尼古拉斯·加恩海姆《政治经济学与文化研究》，贺玉高、陶东风译，《西北师大学报》（社会科学版）2005 年第 1 期。

个人的支配"①。但是，随着科学技术的迅猛发展，资本主义非但没有死亡，而且保持着旺盛的生命力。萨特在《辩证理性批判》中以匮乏概念引出关于人和历史的结论。匮乏不是人的普遍存在形式，匮乏是私有制条件下被压迫和剥削阶级的匮乏。萨特明确承认，"只要社会关系的变化和技术进步还未把人从匮乏这个桎梏中解放出来，马克思的命题在我看来就是一种不可超越的证明"②。

阶级结构是解释多元文化的理论工具，但如果我们将性别、种族或其他潜在差异的制造者看作另外的统治结构，这就涉及两个问题：第一，与种族化和性别化的统治方式相关联的认识与斗争在何种程度上推动了历史的发展？第二，在性别、种族等因素的基础上建立起来的各种反抗斗争之间的联系是什么，在全球化的背景下这些联系是否足以改变资本主义的统治结构？例如，男权制在资本主义生产方式出现以前就存在了。当代的女权主义运动试图消灭旧有的男权制，但是这种现实斗争必须建立在生产方式变革的基础之上。马克思提出："现代家庭在萌芽时，不仅包含着奴隶制（servitus），而且也包含着农奴制，因为它从一开始就是同田野耕作的劳役有关的。它以缩影的形式包含了一切后来在社会及其国家中广泛发展起来的对立。"③ 恩格斯把个体婚制看作文明社会的细胞形态，在这种形态中体现了文明社会内部充分发展着的对立和矛盾的本质。最初的阶级压迫和男性对女性的压迫是同时发生的，个体婚制是对这种压迫的集中反映。妇女要获得彻底的解放，首先要重新回到公共事业中，消灭个体家庭作为社会经济单位的基本属性。"如果没有对构成性别与种族斗争的文化实践的政治经济基础及语境的分析，就不能够理解围绕着性

---

① 《马克思恩格斯文集》第 1 卷，人民出版社，2009，第 574 页。
② 〔法〕让-保罗·萨特：《辩证理性批判》，林骧华等译，安徽文艺出版社，1998，第 32 页。
③ 转引自〔德〕恩格斯《家庭、私有制和国家的起源》，人民出版社，2018，第 61 页。

别、种族所进行的斗争的起源、形式和利害关系。"①

　　总之，考察"阶级消失"和"大众兴起"等社会现象的实质，就必须立足于经济主体向文化主体的转变这个最基本的经济事实。如果主体丧失了劳动和物质的普遍性，那么它所指向的只能是历史、话语和差异的构造物。这种表面现象没有看到人们在生产关系中所处的不平等地位，是对阶级剥削和压迫的合法化证明。关于主体的更灵活的话语体系是遏制资本主义危机的手段，是对资本与雇佣劳动的根本冲突的掩盖，这是一种维护剥削和压迫的精英资产阶级的实践活动。马克思早在《关于费尔巴哈的提纲》中就指出，如果把人的本质理解为单个人所固有的抽象物，那么最终只能达到对资产阶级社会的感性直观。历史唯物主义从经济基础—上层建筑的矛盾运动中探究人之为人的本质属性。经济属性当然不是人的唯一属性，但我们必须看到，无产阶级首先是出卖自己劳动力的被剥削和被压迫的劳动者。无产阶级不仅是受苦难程度最深的阶级，同样也是具有远大革命前程的阶级，它承担着极其重大的历史使命。

---

　　① 〔英〕尼古拉斯·加恩海姆：《政治经济学与文化研究》，贺玉高、陶东风译，《西北师大学报》（社会科学版）2005 年第 1 期。

第三章
从反映经济形态的意识形态理论
走向文化的意识形态理论

　　对西方马克思主义文化批判理论中意识形态理论转变的论述，必须以介绍马克思意识形态理论为前提。因此，本章不惜花大力气详细论述马克思意识形态理论的内容。一方面，马克思的意识形态理论旨在批判虚假意识；另一方面，对科学的、作为总体性概念、根本原理进行表述的，反映经济形态的意识形态理论才是马克思意识形态理论的核心，对于意识形态的溯源一定要同经济与物质相联系，由此才能保证意识形态真实地反映社会经济形态，从而从解释世界的窠臼中走出来。

　　西方马克思主义意识形态研究放弃了对"虚假意识"的批判，意味着对社会存在先在性判断的忽略，实际上是对经典马克思意识形态理论的远离而非继承。换言之，西方马克思主义学者不再是站在推翻资本主义经济制度的立场上去责难资本主义经济形态，而是在承认资本主义意识形态抑或是在承认资本主义这一经济形态是无法改变的情况下，去研究意识形态发挥作用的方式，这就使得西方马克思主义意识形态理论从根本上放弃了意识形态是虚假意识的论断。当代西方马克思主义学者常常把意识形态与文化这两个概念混在一起使用，尤其到了伯明翰学派、后现代主义，这两个概念更是如影随形，文化、意义、语言的构造物是如何服务于统治阶级成了西方马克思主义学者研究的重点。本章重点分析了非经济学视域下文化与意识形态的融合。例如，我们看到"情感结构理论"指出个体情感经验为社会经验乃至最终概括为文化的功能的机制，发挥着意识形态的功能，但用文化解释意识形态，实际上是古老的黑格尔意识形态范式的回魂，其本质不过是为虚假的意识形态寻找合理性，不过是将社会结构神秘化并将社会危机和矛盾转化为心灵问题。又如，"快感理论"支撑起齐泽克的犬儒意识形态理论，让快感代替使用价值成为消费社会中重要的一环，进而将原本在资本主义生产方式下产生的经济剥削归结为不过是情感使然，其最终结果是将人的情感与劳动、阶级资本等分隔起来，使人的情感成为一种封闭的概念，从意识层面断绝革命观念，使人的活动局限在上层建筑领域而不会动摇到资本主义的根本。

从反映经济形态的意识形态理论走向文化的意识形态理论，表面上看西方马克思主义学者不再站在推翻资本主义经济制度的立场上去责难资本主义，实际上是西方马克思主义文化批判理论"去经济学化"总体影响的结果，正是因为文化批判理论与政治经济学失去联系，意识形态理论才越来越话语化、文化化。

第一节 作为中性考察对象的意识形态

一 意识形态初貌：以经验主义为基调，以反唯理论为目的

1800 年前后，德斯蒂·德·特拉西在其《意识形态要素》一书中提出意识形态理论，并以此作为教育、政治、道德与实践的基础，ideology（意识形态）中 ideo 表示观念、理念，ology 表示学说、学科，因此特拉西的意识形态观念实际上就是关于观念的学说，它具有三个层次。

（1）以反对形而上学为立场。意识形态理论是特拉西在进入法兰西国家研究院三个月后所宣读的一系列论文当中提出来的，

主要用于代替心理学或形而上学，这一点显然与特拉西所处的时代背景、政治立场、哲学立场分不开。尽管特拉西出身贵族，但他反对贵族制度，拥护人权，主张温和的共产主义与公共财产改革。从反对保王派、新雅各宾派等各色独裁者立场来说，批判天赋观念论，破除王者、贵族天生优越论，强化经验的重要性，是特拉西的必然选择。

（2）以经验主义为基础。既然是关于观念的学说，就必然要回答何为观念、如何认识观念。特拉西的意识形态观念受到了洛克以及孔狄亚克思想的影响。就洛克而言，洛克反对天赋观念论，原因有三：第一，洛克认为在现实生活中，人们依靠自己的自然能力，就可以获得知识，认识事物并不需要借助天赋观念；第二，至于人们普遍同意的观念、原则，尽管具有普遍性却无法证明其先验性是必要的；第三，洛克反驳了"潜在的观念"说法，认为一种观念不可能处在既被理解又不被理解、既知道而又不知道中。由此，洛克提出自己的"白板说"，他首先肯定经验是知识唯一的来源，但是经验在经验主义者那里是非常宽泛的，既包括印象、情感，也包括概念，在洛克那里经验可以分为两种：感觉与反省。感觉来自外物的刺激，例如，眼睛看到花，便产生关于花的观念，眼睛看到人，就产生关于人的观念；反省是心灵自发的活动，例如，当人感到难过时，便产生了关于难过的观念，在此基础上发展为对悲剧的基本观念。无论是感觉还是反省，都来自经验，而非天赋观念。显然，洛克的双重经验论，在哲学上表现出不彻底性，莱布尼茨正是抓住这一弱点，批判了洛克的白板说，维护天赋观念论。基于此，特拉西采用了老师孔狄亚克的彻底感觉论，把人的精神活动归为四类：知觉、记忆、判断、意志，但无论哪一类，根源都在感觉上。如何确定认识是真理呢？特拉西认为关键要看认识是否能还原为经验，也就是说，如果一个人可以分辨在自己的观念中，哪些是建立在感觉基础上的，哪些不是建立在感觉基础上的，他就获得了认识真理的能力，自然就能排除错误的观念

（宗教、形而上学等无法还原为经验的认识，就是谬误的）。所谓意识形态就是这种可以分辨观念的科学，其基本任务是界定人类知识的起源、界限及其可靠程度，在此意义上，特拉西才希望意识形态可以无限地靠近数学、物理学等拥有精确性、可靠性的科学。因为特拉西的意识形态理论来源于经验，又以还原为经验为目的，所以具有一定的批判本性与科学性。

（3）具有强烈经世致用色彩。在此认识论体系基础上，特拉西认为，所谓信仰、独断论的教条本质上是一种未经批判考察的、在情绪感染下的盲目相信，无法让人们掌握科学的认识方法，在此基础上构建的政治秩序只能是贵族制度或皇权制度而非共和制，由此特拉西推论法国大革命的混乱源于国家的立法者与统治者没有掌握将观念还原为经验的意识形态方法（一套关于认识的正确方法论），所以无法建立公正合理的社会秩序。特拉西将重建国家和社会秩序的希望寄托在对未来统治精英进行启蒙上，特拉西认为按照自然科学的模式，以科学为基础，以教育为中介，通过教育来克服愚昧无知等思想上的障碍，就可以重塑社会的政治、经济、伦理和法律，构建出造福人民的稳定的社会图景。在这一语境下，意识形态是具有积极肯定色彩的。

尽管特拉西的意识形态观念具有一定的唯物主义倾向和批判性，但从根本上来说，意识形态是一种认识的方法论。在特拉西的眼里，一切障碍是思想观念上的，而不是社会、历史、经济上的，所以只要改造思想，就可以改变社会的发展。也正是由于寄希望于教育，意识形态受到了拿破仑的嫌恶，失去积极色彩而背上了贬义的色彩。拿破仑在发动雾月政变后希望实行帝制独裁，为了达到这一目的，他与教会形成盟约；支持阶级共和制的意识形态家们显然成了他的对立面，毕竟意识形态主张一切观念要经受实践的考验。拿破仑的独裁统治显然是违背自然和自由原则的，拿破仑通过将意识形态贬低为一种毫无根据的学说，主张人应该服从形而上学的观念（宗教、天赋皇权等）。换句话说，将意识形态理解为一种错误的意识，这种说法起源于拿破仑纯粹的政治主张，在意识形态最初的概念当中，它并非表现为一种错误的、与统治相关的思想意识，它表示的是一种如何正确认识现存世界的方法论。

二 意识形态再发展：以唯心主义为基调，以解释现实为目的

意识形态理论在德国古典哲学的影响下获得了进一步发展。就意识形态作为观念体系而言，康德以主体的统一性构建起世界的客观性，确立了意识通过实践走向自由的路径，但康德的实践始终是思辨意义的，因而未能抵达现实。黑格尔在康德哲学的基础上，将历史的维度引入意识哲学，使统一的意识本身成为现实的历史的意识，进而赋予了现实世界合理性，一定程度维护了现存的阶级社会，所以在黑格尔那里，普鲁士体系是最好的体系。这恰恰是马克思意识形态理论批判的核心：阐明意识形态的虚假性，回归现实寻找社会发展的动因，主张革命地变革现存世界。在这一节，我们将详细说明黑格尔意识形态概念在文本中的使用情况与意义，从而为阐释马克思意识形态理论作铺垫，并最终指出西方马克思主义意识形态理论的发展仅仅是对马克思意识形态理论的局部拓展。

贺麟指出特拉西视域下的意识形态（ideology）在黑格尔的著作中仅出现两次，其余都是以德文（Diegestaten des Betwusstseins）出现，因此我们需要从两个层面分析黑格尔的"意识形态"概念。

（1）黑格尔所指的"意识形态"绝非法国哲学视域下的意识形态，即绝不是单一的、经验主义的认识论。在《哲学史讲演录》中，黑格尔指出，洛克这种对于复杂的观念的所谓分析以及对于这些观念的所谓解释，由于非常清楚明晰，曾受到普遍的欢迎。因为，说由于我们感知时间，所以我们具有时间的概念——实在没有比这更清楚的了。如果我们没有真正看见空间，怎么会有空间概念？现在我们既有空间概念，故我们必定看见空间。——这也再清楚没有了。

所以法国人特别采纳了这种说法，并加以进一步的发挥，他们所谓的 Idéologie（观念学）所包含的不外是这种东西。① 由此，我们可以确定黑格尔的"意识形态"是明确否定经验主义的、缺乏辩证分析的观念论。在介绍作为怀疑论对立面出现的苏格兰哲学的时候，黑格尔再一次提到 Ideology：法国人所谓观念学 Ideology 便是与这一派的思想有联系。它是一种抽象的形而上学，是对于最简单的思维规定的一种列举和分析，这些思维规定并没有得到辩证的考察，所以他们的材料是从我们反思和思想里取得的，而包含在这种材料中的各种规定又必须在材料中得到证明。② 这一段话黑格尔实际要表明：近代西方哲学将认识论作为达到绝对知识或真理目的的手段而放弃了追求真理与知识。为了扭转这一局面，黑格尔必然要追问到底什么是真理、如何通达真理。在黑格尔看来，真理并不是经验主义者源于现实、回归现实的直接产物，而是"为了成为真正的认知，或者说，为了产生科学的元素，即这个科学的纯粹概念本身，最初的认知必须经历一段漫长的道路"③。哲学的起点也是哲学的终点，这一过程的每一个阶段并不是直接到达的，而是经历了辩证的否定之否定的原则，进而推动事物向更新、更高的阶段去发展，辩证法就是这一过程的逻辑。在此基础上，黑格尔把斯宾诺莎的无限实体和费希特的能动的自我统一起来，用"实体就是主体"的命题实现了辩证法和本体论的统一，实体即上帝，上帝即绝对精神，绝对精神的辩证运动构成了本体论。黑格尔的《精神现象学》原来的副标题是"意识的经验的科学"，在完成书稿后，副标题才被改为"精神现象的科学"，整个黑格尔的体系试图说明意识是如何经历一系列的经验形态从而自身向科学发展的，由此，就不难理解为什么黑格尔在《精神现象学》中使用的是 Diegestaten des Betwusstseins，而非

---

① 〔德〕黑格尔：《哲学史讲演录》第四卷，贺麟等译，《贺麟全集》，上海人民出版社，2013，第156页。

② 〔德〕黑格尔：《哲学史讲演录》第四卷，贺麟等译，《贺麟全集》，上海人民出版社，2013，第219~220页。

③ 〔德〕黑格尔：《精神现象学：句读本》，邓晓芒译，人民出版社，2017，第17页。

Ideology。

（2）黑格尔的"意识形态"在德文中表述为 Diegestaten des Bet-wusstseins，且多数情况下为复数，学界认为应该翻译为"意识诸形态"，"每一个精神现象就是一个意识形态；意识发展的每一个阶段，都可以说是一个意识形态"①。黑格尔在《精神现象学》中表示意识的发展经历了意识、自我意识、理性、精神、宗教和绝对知识六个基本的阶段，每个阶段内部经过三段式的辩证运动。其中"精神"作为普遍意识转化为社会历史状况来展现，尽管黑格尔颠倒了国家与市民社会、家庭之间的关系，但黑格尔将社会现实历史归结为精神的外化的重大意义在于，它引出了作为批判概念存在的意识形态两大核心：第一，意识与现实的关联关系；第二，现实世界被教化的虚假本质。就前者而言，在黑格尔那里作为观念的意识形态进一步凸显了社会自我意识，世界只有与主体相联系才可以被构想；就后者而言，"作为推动原则和创造原则的否定性辩证法"引出现实世界被教化的虚假性。

具体来说，外化于历史中的精神分为伦理、教化、道德三个阶段，所对应的分别是古希腊社会、法国大革命的封建时期社会以及黑格尔所处的德国时期社会。第一阶段，希腊城邦的伦理精神是家庭与城邦两个共同体，家庭的法则是对祖先尊敬，国家的法则是对公共秩序维护。但在社会历史中，国家往往利用发动战争的方式打破自然家庭的存在。当希腊城邦解体过渡到罗马法权状态时，法权状态下的个体是异化的，是孤立的、离散的个体，是意识自身的分裂开辟出的与自己相对立的对象世界。但是罗马皇帝是罗马法的例外，他是与所有个体对立的孤独的人，几乎与上帝等同。由此，古代伦理实体分为两个世界：教化王国与信仰王国。第二阶段，教化王国是指基督教社会化的过程，现在意识分裂为两个部分：一个是异化的现实世界，另一个是单纯的意识本身。异化的世界就是教化

---

① 樊浩：《"人文力"的形上基础及其方法论意义》，《南京林业大学学报》（人文社会科学版）2001 年第 1 期。

世界，黑格尔认为从伦理到教化是精神的必然路径，所谓否定之否定的辩证法，就是单纯的意识本身经由异化再返回自身的过程。对比到现实世界，就个体来说，个体必须被教化世界所承认，才能获得其本质；就基督教世俗化过程来说，基督教从早期的宗教道德团体异化为支配权力和财富的统治者。拥有财富和支配权力的统治阶级为了合法化对被统治阶级的压迫采取了"普遍颠倒的形式"，例如在伦理阶段语言并不是本质，但到了教化世界，语言成了本质，基督教通过语言（话语）颠倒了善与恶、高贵与卑贱。黑格尔用狄德罗《拉摩的侄子》为例说明反讽的语言是如何把高贵变成卑贱、卑贱变成高贵的。因此，普遍的虚假与欺骗是教化世界的本质，法国大革命的爆发是对这种颠倒的和解。第三阶段，所谓道德的阶段是指康德、费希特、谢林的哲学和德国浪漫主义精神。黑格尔提出"纯粹的良心"，良心对自身信念的执着与对普遍性的追求使它变成了优美的灵魂，优美意识是意识对自身的返回。在第三阶段，黑格尔意识的最终发展并没有指向现实，而是指向了宽恕与和解，即宗教精神。一言以蔽之，黑格尔的意识在经历诸种形态后，最终达成的效果是对现实世界的合理解释，而非批判。

特拉西的意识形态理论强调的是对经验主义观念的辨析，指向的是如何在经验的基础上形成可靠的知识，所以不涉及社会历史发展问题，黑格尔的意识形态理论则指出了统治阶级意识（教化）虚假性的本质，尽管是从唯心主义精神、意识的角度指出阶级对立的成因，并最终逐渐远离现实，将社会历史发展的动因归结为纯粹的意识，但毫无疑问，黑格尔的意识形态概念"是一个更高的标志"，正是在此基础上，马克思发展了自己的意识形态理论，从唯物主义（现实）与唯心主义（意识）的双重超越中找到历史唯物主义的基本原则，指明变革世界、实现人的自由全面发展的科学社会主义的道路。

第二节　马克思意识形态概念的三种表述：
以虚假意识批判为核心

一　Ideologie：隐蔽阶级利益的一切思潮

在《德意志意识形态》中，使用的是"Ideologie"。通过前文知道，"Ideologie"是指主观建构的一种观念、知识学、知识论，是学术演化进程中思想体系的代称。所以，马克思所批判的意识形态是德国当时的一些思想或思潮，《德意志意识形态》的全名是《德意志意识形态——对费尔巴哈、布·鲍威尔和施蒂纳所代表的现代德国哲学以及各式各样先知所代表的德国社会主义的批判》。但如果仅仅将"Ideologie"（意识形态）理解为德国的一系列思潮就太狭窄了。事实上，德国的一系列思潮和启蒙运动的思想传统是一脉相承的，我们可以将其追溯到培根、智者学派、诡辩学派等对人类具有启蒙意义的哲学家和哲学学派。我们认为马克思在这里对于意识形态的批判实际上同拿破仑对于意识形态的批评具有一致性，但核心是批评任何不从现实历史出发，仅仅是主观构建的观念体系。《德意志意识形态》一开始就说："本书第一卷的目的就是要揭露这些自以为是狼、也被人看成是狼的绵羊，指出他们的咩咩叫声只不过是以哲学的形式来重复德国市民的观念，而这些哲学宣讲者的夸夸其谈只不过反映出德国现实状况的可悲。本书的目的就是要揭穿同现实的影子所作的哲学斗争，揭穿这种投合耽于幻想、精神委靡的德国民众口味的哲学斗争，使之信誉扫地。"[1] 显然，德国的各类思潮不过是各自赋予自己观念的一种解释现实的超凡效力，其本质仍然是"精神"形式的变化。用马克思的话说，"这些哲学家没有一个想到要提出关于德国哲学和德国现实之间的联系问题，关于他们所作的

---

① 《马克思恩格斯文集》第 1 卷，人民出版社，2009，第 509~510 页。

批判和他们自身的物质环境之间的联系问题"①。在对这些"意识形态"的批判中，马克思在《德意志意识形态》中初步确立了其意识形态的概念和一些基本原则。

通过对施特劳斯和费尔巴哈的批判，马克思使意识形态从精神领域进入现实领域。大卫·施特劳斯凭借《耶稣传》终结了神学批判。他对基督教的批判不仅动摇了基督教信仰的基础，对当时的德国乃至欧洲产生了巨大而深远的影响，也为费尔巴哈人本学立场的宗教批判奠定了基础，推动了意识形态从精神领域走向现实领域的进程。就当时的欧洲基督教而言，在理论上，神圣权威为世俗生活的合理性提供了终极的根据，黑格尔的哲学则确立起绝对精神的至高无上的地位。在现实中，广大的基督教徒坚信《圣经》中的神迹是真实的，逐渐形成了对基督教的虔诚信仰。施特劳斯驳斥了"神迹即信仰初心"的观点，他将神迹归结为神话，使传统基督教所宣扬的神圣世界陷入崩溃。施特劳斯认为，明星指引东方博士、躯体化为面包与酒等，都不可能是自然事件，应该把它们当作神话。"我们也知道，犹太人在先知们和诗人们的著作中，处处都看到预言，在他们的《圣经》记载的所有圣人的生平中，总是发现弥赛亚的原型，那么，当我们发觉耶稣生平的细节显然是依据这些预言和原型的模式而勾画出来的，我们就不能不怀疑，它们是神话而不是历史。"②将神迹理解为远古先民无意识虚构的神话，意味着民族或宗教流派赖以服众的基础是虚妄的，耶稣只不过是历史上的一个凡人。换言之，是人创造了耶稣，创造了神圣世界，耶稣是人类为了满足自身情感而虚构出来的存在物。在宗教批判的基础上，费尔巴哈高扬了人本学唯物主义的基本原则。"思维与存在的真正关系只是这样的：存在是主体，思维是宾词。"③ 费尔巴哈主张要从现实的人出

①　《马克思恩格斯文集》第 1 卷，人民出版社，2009，第 516 页。

②　〔德〕施特劳斯：《经过批判考察的耶稣生平》，转引自〔美〕利文斯顿《现代基督教思想》（上），何光沪等译，译林出版社，2014，第 448 页。

③　《费尔巴哈哲学著作选集》上卷，荣震华等译，三联书店，1959，第 115 页。

发，从现实的自然界出发，但是费尔巴哈哲学的不彻底性在于，他认为人与动物的区别是类意识。换言之，他还是将人的本质归结为精神（意识），而人类意识中最完善的、最完美的对象就是上帝。至此，费尔巴哈得出"上帝的本质就是人的本质"，并进而主张通过爱达到利己主义和利他主义的统一。在对施特劳斯和费尔巴哈的批判中，马克思已经确立起历史唯物主义的基本立场，即坚持从感性的、实践的视角理解社会历史。

　　通过批判施蒂纳，马克思主张现实世界的对立与矛盾要到人们的现实关系中去研究。笛卡儿通过"我思故我在"强调意识的重要性；施蒂纳则通过"我思故我在"强调"我"的先在性。毕竟如果没有"我"，关于"我"的理念就无法建立。由此，施蒂纳进一步发展了黑格尔思辨哲学逻辑，提出"我是高于一切"的命题，赋予"我"唯一性、独特性与无比性。在《唯一者及其所有物》中，施蒂纳把"唯一者"确立为逻辑起点。他试图说明，与自我相对立的整个外部世界都是旨在通过各种非个人的普遍的东西来奴役个人，因此都是利己主义的。"唯一者"也必须遵循这种利己主义的行为准则，"他向来就是抛却除自己之外的一切，因为他估价、评价任何东西都不会大于、高于其自身，简言之，因为他从自身出发并'返回自身'"①。事实上，施蒂纳已经认识到了现存社会各种客观存在的对立，比如我与他人、我与国家、小资产阶级与大资产阶级等，但他把一切的对立归结为预先设定的、观念臆造的"利己的人"。他举例苏丹将他自己的一切作为唯一者，他奉献的前提是臣民，是"他的臣民"，"你将会因摆脱他的利己主义而步入监狱"，由此，所有非人的现实关系不外是执着于"利己"，那么人只要从个人思维中移除"利己的我"，就能获得绝对的自由。进一步，施蒂纳认为当我与其他人划清界限、毫无瓜葛时，人与人的交往才是真实的交往，由此构成的"唯一者联盟"才是真正的社会关系。施蒂纳的利己主义

---

① 〔德〕麦克斯·施蒂纳：《唯一者及其所有物》，金海民译，商务印书馆，2017，第 180 页。

者"联盟"不过是美好的幻想。马克思在《德意志意识形态》中批判了施蒂纳"人"的观念，初步揭示了"现实的个人"的真实内涵及无产阶级实现普遍解放的根本途径。"如果他们把哲学、神学、实体和一切废物消融在'自我意识'中，如果他们把'人'从这些词句的统治下——而人从来没有受过这些词句的奴役——解放出来，那么'人'的解放也并没有前进一步；只有在现实的世界中并使用现实的手段才能实现真正的解放。"① 显然，人不能是观念中的人，而应是现实中的人，现实中的种种"非人的东西"与其归结为人的本质是利己的，还不如归结于人类的社会生产力与生产关系的进程。人与人的关系不是纯粹的我之间的关系，而是处在生产力和需要一定阶段上的个人发生的交往，随着这种交往，构成了市民社会和国家。基于此，我们再看《德意志意识形态》中《圣麦克斯》这一章，就会发现在对施蒂纳的观念（意识形态）的批判中，马克思已经找到了现实历史的发展动因即生产力，也找到了与生产力相对的生产关系是打开解释阶级谜题的钥匙。更重要的是，马克思提出了科学实现人的解放这一命题。在《马克思恩格斯全集》的第三卷说明中，编者将《德意志意识形态》定位为马克思科学共产主义形成时期的作品，原因即在于此。

不难发现，在马克思著作中关于意识形态的表述方式有三种。其中，Ideologie 主要指的是当时德国斯特劳斯、布·鲍威尔、费尔巴哈、施蒂纳等人的思潮。在对他们的批判中，马克思确立了自己意识形态批判的基本原则。首先，所谓意识形态（各类思潮）往往具有虚假性，它们遮蔽了现实的利益，以自称能克服一切历史局限性的超历史的合理性名义来使自己的观念体系成为"合法体系"。它们本质上是编造幻想、掩盖现实关系的精神力量，是虚假意识，这一论断是马克思意识形态理论的关键论断。其次，马克思认为，对于意识的分析一定要在现实的个人、现实的社会历史关系中去理解，由此，阐述唯物史观的社会结构理论时，马克思提出了与生产关系总和，和

① 《马克思恩格斯文集》第 1 卷，人民出版社，2009，第 526~527 页。

构成社会的经济结构有关的意识形态理论，为了与 Ideologie 区分，此处他所使用的词是 Bewusstseinsformen 和 Ideologischen Formen。

二　Bewusstseinsformen：反映经济形态的意识形态之全体

马克思在《〈政治经济学批判〉序言》中并未使用 Ideologie，而是使用了 Bewusstseinsformen 与 Ideologischen Formen。周民锋认为，应该将 Bewusstseinsformen 翻译为"意识形态之全体"，将 Ideologischen Formen 翻译为"意识形态之部分"。其所谓"意识形态之全体"，"就其内涵而言，它涵盖人类的全部精神生活，反映并反作用于以社会经济活动为基础的社会物质生活，并参与现实的社会运动。就其外延而言，它指存在于现实社会中的人类意识的各种形态"①。通过详细介绍马克思意识形态概念的建立，试图与上一节作为虚假意识的意识形态形成对比，从而彰显本章的一个核心思想：说明马克思的意识形态理论一方面立足于批判错误的虚假意识；另一方面，论证科学的、作为总体性概念、根本原理进行表述的，反映经济形态的意识形态才是马克思意识形态的本质。

马克思所批判的意识形态（Ideologie）是指统治阶级的思想以及"思想生产者们"创造的、强加于社会的特殊文化类型，马克思正本清源之所在，一是说明"智识的迷惑作用"从来不是来自"空洞的说教"，而是来自历史的生活条件；二是说明当前资本主义社会中统治阶级的意识形态如何兴起、发展并灭亡。此处，我们不打算按照一般的文献梳理方式介绍马克思首先发现了物质生产的作用，进而谈到剩余价值，进而谈到资本，最后说明资本主义社会是资产阶级对无产阶级的剥削产物。马克思在《〈政治经济学批判〉序言》中强调意识形态的历时性："大体说来，亚细亚的、古希腊罗马的、封建的和现代资产阶级的生产方式可以看做是经济的社会形态演进的

---

① 周民锋：《马克思意识形态概念的两个来源及其两重含义》，《学术研究》2008 年第 6 期。

几个时代。"① 即意识形态随着社会形态的更替而变化；作为反映经济形态的意识形态有共时性特征，即当前资本主义时代的意识形态是围绕资本主义经济的。此处直接从马克思对资本概念的解析入手，通过对资本概念的解析，说明揭露统治阶级的虚假意识与发展符合历史规律意识形态（社会主义意识形态）的必要性。

不同于古典经济学将资本视为"作为货币的货币"的积累，马克思在《1844 年经济学哲学手稿》中，以异化劳动为核心，通过研究私有制和异化劳动的关系认识到资本是积累的异化劳动，是对他人劳动及其产品的私有权与支配权。后来，在《雇佣劳动与资本》中，马克思从劳动力、剩余价值角度解释了资本的本质是资产阶级社会的一种生产关系。工人以出卖劳动力获得工资，工资是劳动力价值的一部分，资本家占有剩余的劳动力价值。资本在根本上表现为一种占有关系。对资本概念现实的、历史的批判在《德意志意识形态》中进一步深化，马克思认为历史唯物主义是以"现实的个人"而不是抽象的"人类"为人类历史的出发点。个人的物质生产活动及其交往形式是人类历史及观念形态的基础。个人物质生产和社会交往中所形成的关系构成了各个不同阶段的市民社会，即为整个历史的基础。在现实历史的基础上，资本对于剩余价值的追求一方面带动了整个社会生产的巨大发展，另一方面也带来了社会经济结构的失衡与被剥削阶级的壮大与反抗。资本既是剥削雇佣劳动的财产，是分工和交换历史运动的产物，也包含着一种进入更高级社会形态的阶级关系。至此，马克思的资本概念基本完成了其逻辑嬗变，即包含三重属性：它是积累的劳动，是社会生产关系，也是现代社会的发展动力。

显然，马克思的资本概念具有明确的逻辑衍生轨迹，是从生产关系切入的，具有三重维度。究其根源，它是对源自维科的历史主义哲学传统的继承，"这个历史观念的根本点就是，任何法的观念都

---

① 《马克思恩格斯选集》第 2 卷，人民出版社，2012，第 3 页。

是由它所在的社会的本质、社会的人的观念所决定的……以历史事实为出发点，通过分析该社会人们的现实生活、人们的各种文化活动和法律制度，以及支配人们的现实生活和各种文化活动的有关人的观念和法的观念来说明该社会与先前社会的联系，揭示该社会的发展规律"①。马克思不是把概念作为研究对象，仅满足于反思和逻辑抽象本身，而是把感性作为研究对象，通过深入个别，揭示个别的意义存在。马克思笔下的资本不仅仅是经济主义的实体范畴，更是解释历史的客观分析范畴，也是哲学演进的本体论范畴。马克思的资本理论因为触动了资本主义生产方式，因而具有全面揭示现代社会图景的穿透力。

对资本概念形式进行分类时，马克思侧重"一般与个别"的抽象关系，试图说明资本的统治力量与黑格尔辩证法中抽象的精神主体具有一致性，从而使得资本概念具有历史和逻辑上的相对完整性。在《〈政治经济学批判〉（1857—1858年手稿）》"资本章"中，马克思从"资本的一般性""资本的特殊性""资本的个别性"三个层次对资本做了更详细的分类。对"资本的一般性"，马克思利用黑格尔的《逻辑学》，对古典经济学和古典哲学进行批判地吸收，强调把整个社会看作包摄在"一个资本"之下的主体概念，把它当作"一个资本"的内部活动来进行总体性把握。对"资本的特殊性"，马克思通过对流动资本和固定资本的分析指出，资本必然向特殊化阶段发展，"表现为资本躯体的使用价值所具有的特殊性质，本身在这里表现为规定资本的形式和活动的东西，它赋予某一资本一种与其他资本不同的特殊属性，使资本特殊化"②。对"资本的个别性"，马克思认为"各个资本参与的产业部门不同，通过在信用、股份、金融制度下的货币回流结合起来，多个资本统一为一个资本（个别

---

① 何萍：《马克思历史辩证法的理性结构》，《南京大学学报》（哲学·人文科学·社会科学版）2012年第3期。
② 《马克思恩格斯全集》第31卷，人民出版社，1998，第37页。

性）"①。流动资本和固定资本在流通领域获得了统一，"尽管现在流动资本和固定资本表现为两种不同的形式，流动资本却是由固定资本的消费、使用所引起的，而固定资本又不过是转化为这种特定形式的流动资本"②。在此意义上，一切资本都只是以一种流动资本形式回流。

特殊化为多个事物的同时也可以把多个事物统一为一般事物、一个事物。因此，资本越特殊化，资本的一般性越明显，其他事物的共性越突出。将资本以特别和一般来进行分类描述，既可以包含历史的前提，避免对资本纷杂形式的命名，又可以生成类的逻辑前提，实现体系性的阐述，同时也进行体系性批判。马克思采用的是从具体到一般再到具体的辩证路径。马克思以"一般""个别"的辩证思维结构分析现实社会的感性内容，肯定感性内容的真实性。其"一般"的实现，不是思想的运动，而是通过人类劳动形式的变化表现出来。所以，在马克思那里，辩证法的本质是历史的、现实的，一般与个别的思维结构并不是抽象的形式，而是真实现代社会的历史运动。

通过之前的论述，马克思意识形态理论发展经历了哲学理论批判、唯物史观建立与对资本主义生产方式批判三个阶段，所谓反映经济形态的意识形态之全体正如我们对于资本概念的分析，马克思的意识形态理论是具有三层含义的。它既可以像是资本"一般与个别"中有各种各样的资本，也可以有各种各样的具体的意识形态。马克思在其文本中将其分为两类，一类是一定历史阶段的意识形态产物，另一类是代表时代文化精华的意识形态产物，我们会在第三节做论述。但正如资本有"资本一般"，马克思的意识形态批判的核心是资本主义社会的异化和商品拜物教现象。正是在唯物史观的基础上，马克思的研究与批判从哲学领域走向了政治经济学领域，"不

---

① 〔日〕内田弘：《新版〈政治经济学批判大纲〉的研究》，王青等译，北京师范大学出版社，2011，第 14 页。
② 《马克思恩格斯全集》第 31 卷，人民出版社，1998，第 138 页。

是人们的意识决定人们的存在，相反，是人们的社会存在决定人们的意识"①。这就说明，在具体的意识形态理论之上还存在作为总体的原理性的、一般的意识形态，反映整体的经济形态的意识形态才是马克思意识形态理论的本质。这意味着马克思的意识形态不仅有着复杂的内容，还具有共通的本质。其本质可简要概括如下。

首先，反映经济形态的意识形态之全体其根基在人的实践生活，这样的意识形态具有实践的社会历史性。其次，随着生产力与生产关系的发展，一切社会关系不可避免地带上阶级烙印，反映经济形态的意识形态之全体在特定的阶级社会具有阶级性。例如在资本主义社会，反映资本主义经济形态的意识形态是全体，就具有资本属性。针对资本主义统治阶级的意识形态，马克思所承担的对抗任务不单单是建立无产阶级意识形态，也正是由于马克思的意识形态理论是反映经济形态的意识形态之全体，所以马克思并不是像葛兰西、卢卡奇、列宁等人主张"阶级意识"或"共联意识"，而是主张从历史的、实践的政治经济学视角，从改变生产力与生产关系的角度建立社会主义生产体系。最后，在马克思那里意识形态的歪曲性是其根本特性，体现了私有制生产方式的欺骗性，意识形态具有相对的独立性，因此统治阶级可以利用意识形态。对于意识形态的理解要紧跟对于资本分析的理解，资本不仅仅是积累的劳动，也是社会生产关系，更是现代社会发展的动力，那么意识形态就不仅仅是各种具体的社会思潮，还是对于整体的经济形态的反映，并且在动力方面发挥着一定的反作用，对于意识形态的理解亦要有抽象的一般与个别之分，这样才可以既包含历史的前提，又实现体系性的阐释。

基于此，才有了马克思在《〈政治经济学批判〉序言》中关于意识形态的经典表述："这些生产关系的总和构成社会的经济结构，即有法律的和政治的上层建筑竖立其上并有一定的社会意识形式与

---

① 《马克思恩格斯选集》第 2 卷，人民出版社，2012，第 2 页。

之相适应的现实基础。"① 此处的意识形态，显然是指竖立在经济基础之上、根源于物质活动方式之中、在实践的变革中、在人与世界的关系之上的人类意识的各种形态，而这样的意识形态是随着社会形态的演化而变化的，不合理的生产关系和资本主义社会制度终将灭亡，与此相对应，资本主义意识形态也会消失。

三 Ideologischen Formen：作为上层建筑的意识形态之部分

马克思指出："在考察这些变革时，必须时刻把下面两者区别开来：一种是生产的经济条件方面所发生的物质的、可以用自然科学的精确性指明的变革，一种是人们借以意识到这个冲突并力求把它克服的那些法律的、政治的、宗教的、艺术的或哲学的，简言之，意识形态的形式。"② 周民锋将 Ideologischen Formen（意识形态的形式）理解为"意识形态之部分"，用来表示以思想体系呈现出来的意识形态。显然，在人类历史长河中，有各种各样的思想、主义，它包括了情感、意志、传统、风俗等，当它们以一种思想体系的形式呈现出来的时候，都可以算作意识形态的形式，此类文化客体化的存在，马克思通常冠以意识形态这个共同的名称。事实上，在马克思那里，它们属于高级文化生产，这种生产是属于社会内部劳动分工的一种。这些文化客体化的各类思潮、主义、精神、思想又大致可以分为两类：一类是"一定历史阶段的意识形态产物"，比如庸俗经济学，打着科学真理的幌子，为了掩盖为特定的、狭隘的阶级利益辩护的目的；另一类是代表时代文化精华的意识形态产物，例如揭示新的社会发展境遇的各种理论，对于这种理论，马克思认为，在某种意义上它们也是意识形态的假象，因为这些文化理论最终要回到对现实问题和基本问题的解答上去，但它们来源于现实，但并未超过实际的社会与生活，因此，尽管看上去是一个独立自主的领

---

① 《马克思恩格斯选集》第 2 卷，人民出版社，2012，第 2 页。
② 《马克思恩格斯选集》第 2 卷，人民出版社，2012，第 3 页。

域，但它们的作用只是让社会现存的冲突在理解上变得清晰，这也许有助于解决这些冲突，但除非所有的问题和范畴都还原成实际的历史问题和范畴，否则，其效力始终是有限的。

为了更好地理解这种"意识形态之部分"有其价值，但除非所有的问题和范畴都还原成实际的历史问题和范畴，否则其效力始终是有限的。同此前以资本概念来说明反映经济形态的意识形态之全体，这一节以布尔迪厄的"文化资本"为例说明。布尔迪厄拓展了资本概念的广度，但他的资本概念并没有超越马克思的资本概念。布尔迪厄的资本概念只是马克思资本概念中的一个环节，当然，对于这一环节的全面的阐释无疑是对马克思资本理论的进一步拓展，正如历史研究中，有通史、断代史、专题史之别。

"文化资本"的前身是"文化特权"。至于为什么文化特权演变为文化资本，布尔迪厄并未给出具体说明，而是直接使用了这一概念。在《再生产》中，文化资本是权力影响的结果，权力差异来自阶级差异，而阶级概念是先验的。此时文化资本是文化特权的隐喻表达。在《区隔》中，布尔迪厄进一步发展了资本概念，认为文化和经济资本都是客观分析范畴，而不是由预先假设的阶级理论构成，其论证顺序是：资本—场域—习性—阶级。布尔迪厄首先引进社会空间理论，认为资本总量、资本的构成（由社会的过去和潜在轨迹表现的）这两个属性在实践中的变化，构建起了一个三维空间。资本总量决定人们在社会空间中的位置，邻近的位置意味着存在条件的相似性，反过来，也意味着有着相似的习性，阶级则是这个空间中由相似资本赋予的"邻近性"。资本总量决定了阶级生存条件，决定了阶级习性，习性又反过来决定消费和阶级习惯，进而将与资本相呼应的阶级生存条件转化为象征空间。最初的差别，即将各大阶级的生存条件区分开来的差别。在作为实际上可利用的一系列资源和权力的资本总量中找到了其根源。虽然客观阶级及其分布的确是由资本的数量和构成决定的，但布尔迪厄并没有解释什么决定了有效资本的社会空间分布。所以，此时资本是仅限于分配维度的客观权力、资源的弱化概念。从马克思主义的角度出发，布尔迪厄对资本的定义实际上只是对商品的定义。

本着理论多元的精神，问题的关键从来不是谁超越谁，而在于每种方法可以独特地呈现清晰的过程，以及如何更好地解释具体社会现象。布尔迪厄的资本概念是马克思资本概念中一个环节的丰富性阐述，这就意味着布尔迪厄丰富了马克思资本理论的价值，我们可以从以下三个方面分析。

首先，布尔迪厄的资本理论意味着历史唯物主义的发展是一部不会终结的历史。不同时期的历史理论与历史问题本就不尽相同，马克思的时代是自由资本主义的黄金时代。资本在全球流动时，是以剥削、压迫为手段。马克思对于社会批判的火力集中在雇佣劳动的双重性概念上，透过经济基础的决定作用，揭露了资本的经济剥削和自由主义意识形态，因此，其理论的动力和矛盾完全是建立在"经济资本"概念之上。布尔迪厄处在前现代社会向现代社会转变的时期，在现代性背景下，统治阶级使用的并非直接的暴力统治，而是首先在形式上承认平等原则。布尔迪厄要揭露的正是这种"社会炼金术"的运作方式，通过这种方式，"森严壁垒的社会等级掩盖了自己的本质，即它是如何把植根于经济和政治领域的物质权力所形成的那种历史的任意的社会秩序转变成文化精英阶层的温文尔雅的外部表现"①。在非暴力时代，科学技术所代表的文化软力量与经济、社会、阶级、发展之间的兑换关系，不仅是当代学术界一直关注的问题，也是我们进一步发展历史唯物主义，发展当代马克思主义的题中应有之义。

其次，布尔迪厄丰富了马克思对意识形态的批判。马克思揭露了资本的经济剥削和自由主义意识形态，布尔迪厄则透过文化资本、惯习、信仰的概念，更多地揭露了文化资本的统治和精英意识形态。马克思的意识形态理论更多地讨论主体的意识和观念问题，布尔迪厄的意识形态理论则拓展到了社会制度与人的实践模式层面。前者

---

① 汪行福：《社会统治与意识形态的关系——西方马克思主义的两种解释路向》，《国外社会科学》2013 年第 1 期。

意味着"意识形态概念从与真理和科学对峙的认识论概念转向以政治合法性为核心的政治霸权概念";后者意味着"意识形态从主体的意识和信仰状态转变为物质化的实践关系"①。在这个过程中,他扩大了意识形态批判的范围,也必然丰富批判社会的方法论。

最后,布尔迪厄将内在的形而上的批判与外在的实证的文化研究结合在一起,实现了方法论的辩证综合。在马克思那里,意识形态是由社会存在决定的,但缺少对意识形态能动性的进一步解释。文化究竟是马克思视域中作为经济基础附属物的"上层建筑",还是阿尔都塞笔下只具有一定相对自主性的存在,布尔迪厄弥补了这一缺失。当社会秩序自然化的意识形态功能在无意识的重复和训练中生成时,意识形态不仅仅是社会再生产的要素,同时也是主体再生产的过程。更进一步讲,将意识形态概念唯物主义化,也意味着为文化能动性的渊源提供了超越经典的二分方法论。

通过对马克思与布尔迪厄的资本概念分析,我们试图说明的是各类思想有其价值。正如西方马克思主义在发展马克思意识形态理论中,提出了各种各样的意识形态理论,都在某一程度上丰富了马克思的社会批判理论。但毫无疑问,它们并非马克思意识形态理论的嫡生子,而只能是马克思所指的"意识形态的形式",即作为上层建筑的意识形态之部分出现的,这也无怪乎在后来的发展当中,西方马克思主义意识形态理论逐渐脱离了经济领域,最后变成了纯粹的就意识谈意识。

第三节　文化与意识形态融合:放弃
虚假意识批判

一　研究意识形态服务于统治关系的方式

西方马克思主义意识形态研究放弃对"虚假意识"的批判,意

---

① 汪行福:《社会统治与意识形态的关系——西方马克思主义的两种解释路向》,《国外社会科学》2013 年第 1 期。

味着对社会存在先在性判断的忽略，实际上是对经典马克思意识形态理论的远离而非继承。如前所述，马克思意识形态理论从根本上是要批判以精神或意识遮蔽社会现实的思想体系，主张一切关于物质与思想的问题都应还原为关于实际的现实与历史的问题。无论是作为一定历史阶段的意识形态产物，还是作为时代精华的意识形态产物，马克思都将它们看作社会劳动分工中的一个部门的产物。因此，对于意识形态的溯源一定要同经济与物质相联系，由此才能保证意识形态真实地反映社会经济形态，从而从解释世界的窠臼中走出来。

西方马克思主义意识形态理论自称是对马克思意识形态理论的继承与修订，但是因为过度强调对于经济决定论的反叛，所以尽管卢卡奇、葛兰西、阿尔都塞都意识到了马克思理论的总体性、辩证性原则，但是仍然强调从"上层建筑层面"对意识形态进行阐发。这一路径影响了之后西方马克思主义学者的关注视角，他们开始对心理学、社会理论、艺术等"上层建筑"领域展开集体反思。这一走向其实很好理解，一方面是因为西方资本主义社会在二战后迎来新的发展，当解决了温饱问题、暴力剥削问题，人们自然不再强调经济上的贫困，转而强调意识、情感、语言交流等方面相互的影响与连接；另一方面每一个思想体系的构成都是建立在前人的基础之上，沿着前人未解决的问题前进，这也导致了整个西方马克思主义越来越远离政治经济研究而转向了文化研究。从客观辩证的角度看待每一个西方马克思主义学者的理论，他们自然是肯定经济基础与上层建筑的互动作用，并非完全地将马克思的意识形态理论理解为一种简单的反映论或单纯地认为马克思没有认识到意识形态的复杂作用。但显然二战后西方马克思主义研究学者主要是大学的教授，他们更少关注如何去变革社会、去发动革命。所以在这种情况下，意识形态的语境就悄然发生了变化，作为政治意义的意识形态概念让位于学术性质的意识形态概念。换言之，西方马克思主义学者不再是站在推翻资本主义经济制度的立场上去责难资本主义经济形态，而是在承认资本主义意识形态抑或是在承认资本主义这一经济形态是无法改变的情况下，去研究意识形态发挥作用的方式。这就使得西方马克思主义意识形态理论从根本上放弃了意识形态是虚假意识的论断。

西方马克思主义意识形态研究放弃对"虚假意识"的批判，转向研究意识形态如何服务于统治关系。就这一层面而言，西方马克思主义意识形态理论实际上是对马克思意识形态理论的降格，相当于马克思意识形态理论当中的"Ideologie"，即仅仅是思想体系。从理论类型上看，西方马克思主义对意识形态的研究大致可以分为四类。一是将意识形态理解为关乎阶级命运的政治问题而非认识问题，主要是卢卡奇、葛兰西探讨在资本主义社会中如何制造、发展无产阶级意识，从而使无产阶级突破当前的社会物化结构。二是法兰克福学派认为所谓发达工业社会的意识形态，通过科学技术、发达的生产力、丰富的商品构建一个貌似人人都可以自由选择商品、职业甚至伴侣的社会。实际上这一社会是按照自己的组织方式使人人陷入同一的极权社会。三是将意识形态理解为通过电影、电视、广告等语言与意义构造出的影响人思考、致使人平庸的产物。四是指所有人都已经认识到自己处在一个虚假的意识形态中，但人们明知虚幻却仍然乐于接受，这就是齐泽克所认为的犬儒主义意识形态。"意识形态批判程序要达到的目标，就是引导质朴的意识形态意识（naive ideological consciousness）前行，一直到它认识到自己得以成立的有效条件，认识到它正在扭曲的社会现实，并通过这种行为消解自己。"[1] 意识形态理论整体弥散化，它不再是一个基于虚假意识批判、基于社会存在先在性，或者说是经济基础与上层建筑关系的问题，而是贴上了很多的标签，似乎与领导权、工业社会、语言、意义等相关的一切思想体系都可以称作意识形态。正如俞吾金评论当前意识形态研究思潮化，无论是新殖民主义、东方主义、生态主义、女性主义、自由主义还是民主社会主义等思潮，似乎只要一种思想体系有改变现实的企图就可以发展为意识形态研究。

---

① 〔斯洛文尼亚〕斯拉沃热·齐泽克：《意识形态的崇高客体》（第二版），季广茂译，中央编译出版社，2017，第26页。

　　此处我们以流行文化何以成为意识形态研究的中心议题为例做进一步的说明。在主流文化视域下，流行文化被认为是激进的，是对主流文化的颠覆，被假设为民粹主义和反民主的。事实上，英文popular来自拉丁文popularis，原意表示国家为民众保留的财产、资源与权力。在"私人"（受到国家武装强制力量的保护，不受多数人的保护）和"公共"（由被统治者的"共识"维持）之间的强制划分产生了对"人民论坛"的需要，古罗马通过论坛保护公众的利益并形成大众观点，这是popular表示"流行"的前提。因此"流行"也可能意味着为了利益，如"流行化"，基于此威廉斯在《关键词：文化与社会的词汇》中强调，"popular"最初是法律与政治用语，意思是"属于民众"，在16世纪开始指一个由全体百姓组成或管理的政治体系。[①] 流行最初具有合法性与政治意味，流行文化因其霸权作用成为争论的对象实际上是对旧用法的激活。流行文化应该理解为统治阶级为了少数人的利益而操控大众的资本主义意识形态，还是流行意味着大众化、意味着大众意识的崛起，它代表了无产阶级的物质利益、历史任务。流行与意识形态之间的关系就这样成为意识形态研究中的热门话题，并由此引出文化研究中的主要研究方向即亚文化研究、身体政治研究等，而这样的发展也使得意识形态与文化概念越来越融合。

　　事实上，当代西方马克思主义学者常常把意识形态与文化这两个概念混在一起使用，尤其到了伯明翰学派、后现代主义，这两个概念更是如影随形。随着文化、意识形态外延的扩大，马克思区分的一定历史阶段的意识形态产物、代表时代文化精华的意识形态产物、对虚假意识进行批判的意识形态之间的界限变得越来越模糊。所以在布尔迪厄那里"惯习"可以被理解为资本主义意识形态发挥作用的重要方式，在威廉斯那里"情感结构"被理解为资本主义意识形态发挥作用的方式。文化、意义、语言的构造物是如何服务于

---

　　① 参见〔英〕雷蒙·威廉斯《关键词：文化与社会的词汇》，刘建基译，三联书店，2005，第355页。

统治阶级成了西方马克思主义学者研究的重点。

二 "情感结构"发挥意识形态功能

本小节以意识形态虚假性为核心，试图透过威廉斯的"情感结构"理论、齐泽克的"剩余快感"理论说明在非经济研究视域下，随着文化与意识形态概念外延的扩大化，西方马克思主义学者是如何阐释意识形态的形成。同时，指出如果对意识形态发生功能的研究切断了与经济、劳动的关联，就只能沦为纯粹的话语，其实质是为虚假的意识形态寻找合理性，起到维护资本主义意识形态的作用，具有更大的局限性。

情感结构表明的是客观结构与主观感受之间的张力，强调个人的情感、经验对思想意识的塑造作用，是体现在社会形式之中的文本与实践的特殊形式。在"情感结构"理论视野中，随着电影、电视剧、情节剧、短视频等艺术形式的崛起，尤其是在网络科技迅猛发展的加持下，情感的传播、影响已经成为形塑当代大众整体意识的主要手段，从"情感结构"这一视角解读资本主义意识形态之形成与影响既是现实需要也是理论需要。

威廉斯的"情感结构"最初被用来描述一种共同的情感结构，电影作为一种新的戏剧形式，如同传统的书本、戏剧一样，旨在传达创作者的个体意图，而其中蕴含的诸多意图是否可以被观众接收到取决于创作者与受众是否共同分享一种共同的情感结构，而这样共同的情感结构并不是凭空产生的，是源自同一时代的物质生产和精神条件，因而情感结构是历史的、机动的存在。换言之，威廉斯对于情感结构的论证路线是：现实的物质生活、精神生活—个体情感—群体情感—文学、艺术方式—社会性的表达，个体性的经验情感可以上升为一种群体性的经验情感，当这种情感通过文学、艺术等方式交流的时候就会成为一种社会性的表达存在。威廉斯对于个体情感的肯定旨在将文化回溯到其物质基础。基于此，威廉斯完成了它创造出"情感结构"理论的目的：反对机械的文化反映论，论证文化是生产的（productive），而不是产生的（productived）。这当然也引出了一个问题，现实的物质生活在多大程度上塑造了个体情感、群体情感。处于资本主义时代，如果统治阶级的意识形态是形塑我们日常生活的前提，那么我们的个体情感甚至群体情感也是不是幻象的产物？由此，一切社会性的表达实际上都是属于马克思所指的不过是使社会存在的冲突更清晰的现实生活的文化表达，那么，"情感结构"理论就可以被视为对意识形态发生机制的研究。进一步地，"情感结构"发挥意识形态功能主要表现为两点。

（1）情感结构具有个体性，它源自个人鲜活的经验，同时也具有构建性。当私人的情感被公众普遍接受和认可并逐渐成为稳定的习俗，与该情感结构对应的文化就由新兴文化逐渐转化为正统文化。情感结构承担着将个人体验上升为社会经验乃至最终概括为文化的功能，因此它也具有总体性特征，可以是社会总体性的表达，这一致思路径与韦伯新教伦理精神分析相似。同时，情感结构还具有再认识功能，个人体验和社会经验可以细化为某种生活样式，最终达成共性、同享共同的意义。所谓潮流就是如此，比如某位当红歌星的发型成为一代人的发型，一种穿着形式成为一代人的记忆。因此，一代人的崛起或者共同的纽带，它一方面是经验和情感的总结归纳；另一方面又是每个时代的无意识，这种无意识影响着人们的言行举止、文学与艺术的表达。正如主体自发的经验往往是文化产业作为一个整体在培养后现代劳动力文化主义（人的实践与劳动无关）意识方面的借口——人们每天都在接受大规模工业的训练，通过综合实践（教育、电影、家庭、人际关系等）把这种训练作为全球资本主义结构（工作日）中阅读、写作、思考、行动的自然基础。"情感结构"在这一层面上实际是把文化看作自我封闭的，而不是源自外在的工业或经济社会形态，这与法兰克福学派、布尔迪厄、福柯的理论在本质上是一致的。我们以布尔迪厄的文化资本为例做进一步的阐释。

文化资本首次使用于《再生产》一书中。在该书中作者以法国教育系统为例，阐述文化资本与教育再生产之间的内在关联。作者从教育行动的双重专断性出发试图揭示：教育系统的本质是占有文化资本的统治阶级通过教育行为来掩盖阶级差异，并将这些差异转化为不同的学术制裁来使社会秩序合法化的一种机制，由此所有的教育行动客观上都是一种符号暴力。在《再生产》中，阶级概念是先验的，是优先于文化资本概念的。其逻辑演进过程是：首先，占统治地位的阶级凭借其专断性权力推动占主导地位的文化，对于占主导地位文化的适应程度由学业成就所衡量，由此统治阶级专断性的权力获得了合法性。其次，教育系统总体上接受统治阶级的语言风格，这种语言资本对于统治阶层的子弟而言是自小熏习的文化习性的一部分，他们可以以最少的努力适应这种专断的占主导地位的文化，因为作为文化习性的继承者，他们被予以了优先掌握成功社会化所需的代码，这种习性布尔迪厄赋予其名称为"文化资本"。这种文化资本在社会分层中分布不均，"上层阶级"比"下层阶级"拥有更多的文化资本，文化资本的阶级性与可继承性使统治阶级得到了合法的巩固，教育制度不仅实现了文化再生产功能，同时也有助于再生产阶级关系的结构，即实现了其社会再生产功能及"合法化"功能。因此，虽然文化资本可能有助于使阶级权力关系合法化，但它的预设前提是阶级关系本身的存在。文化资本并不是客观上的一种分层原则，它不是一种赋予持有者权力的资源，相反它是权力的影响。

再返回到情感结构理论，我们对于某物的需要极有可能是受到周围人的影响、受社交媒体的影响，抑或是主流意识形态长久规训，这种来自真实生活的情感结构本身就是一种无时无刻不在影响我们的日常生活的文化，看似个体自主自发的经验体验实际上是意识形态长期规训的结果。风靡一时的日本电影《垫底辣妹》讲述了高中生工藤沙耶加原本学习成绩非常糟糕、自信心严重缺乏，在父亲重男轻女的家庭中只有母亲一直默默支持她，但随着工藤沙耶加的"觉醒"，她开始远离无趣的享乐，发奋学习，经过一系列的打击、

过是为虚假的意识形态寻找合理性，不过是将社会结构神秘化并将危机和矛盾转化为心灵问题，进而阻止改革主义观念的迭代，起到维护资本主义意识形态的作用。我们注意到，将阶级矛盾转化为文化矛盾的惯用手段下潜藏的价值观念是：人民自发的经验/情感可以改变固定的权力制度，并不需要诉诸劳动关系、物质条件的改变。如偶像工业、二次元文化，通过将社会矛盾、危机情感具体化的方式来遏制而不是加深阶级对立。在一个可以消除一切可能的（冲突）幻想世界中吸引异质的公众，毕竟大多数人渴望幻象，情感化社会冲突的作品之所以受欢迎，就是在于它们提供了一个"新的阶级"空间。这个"新的阶级"不是传统的统治与被统治关系下的阶级，而是一个在假象中通过自发的经验/情感可以改变固定的权力制度的阶级。这个想象空间内，传统的阶级矛盾、社会危机都消失了，围绕故事发展的是丰富的感情线，是个人的价值/情感而不是变革赋予了个体成功、自由、解放。例如在电影《卧虎藏龙》中，社会和法治的表面下是一个叫作江湖的王国，在这个王国中作为社会地位象征的并不是劳动而是知识，谁掌握了武功谁就是替代法治的公道裁断者；又比如在电视剧《甄嬛传》中推进故事发展、决定任务命运的并不是阶级，而是取悦于人的手段、心机；在今天的电视剧、电影中，"情感""个体的经验"俨然已经是一个代理概念，是对现存世界的一种神秘批判，它使得自由、解放对劳动、阶级关系的依赖转变为对情感、价值观的依赖。

事实上，一个人在政治上被压迫为某种角色，如拉丁美洲人、同性恋、亚裔，妇女是一种民粹主义情绪，它积极地否定阶级在社会生活的中心地位，取而代之的是话语构建起来的身份，这正是这种话语体系的后果。与关注个人体验，形成大男主、大女主剧相比，是早期的情节剧。托·艾尔萨埃瑟在《喧哗与骚动的故事——对家庭情节剧的考察》中描述了与当代影视作品完全不同的早期情节剧：传统戏剧的"典型特征不在于争取观众耳熟能详的同情与反感的煽情手法和喧闹表演，而在于剧中人物的非心理构成，这种人物很少成为自主的个人，更多地是产生动作和把不同的场景联结成为一个整体"。"它们都是通过主人公身上极端的高度个人化形式的道德理想主义（在动机的层次上同样是非心理的）同彻底腐败但表面上有无限权威的社会阶级（由封建王公和小公国的当权者组成）之间的冲突来获取戏剧动力。"① 通过当今的影视戏剧与早期情节剧的对比，我试图说明的是：早期的情节剧是与既定的历史和社会背景相联系的，是历史和社会规定的特定的经验模式的文学的对应物，因此可以表现出一定的进步意义和社会意义。但是当今的影视作品，之所以叫作大女主剧、大男主剧，就是因为戏剧不再围绕社会关系、现实世界，人物、场景的目的不是去表现更深刻的社会现状，而是完全通过个人生平和感情关系去理解社会变革，"这也意味着一种遗憾，即忽视了这种变革的正当的社会和政治前途及其因果关系，结果越来越鼓励了大众娱乐中的逃避现实的样式"②，其后果就是培养"单向度"的人，即培养认为"个人的情感可以战胜一切"的"单向度"的人，因为作为社会变革基本的劳动、阶级关系已经在情感大戏中丧失其警示地位，随着资产阶级的胜利，戏剧显然失去了它颠覆性的职能，从前作为阶级冲突隐喻性的表现手法的感性情节如今只是赤裸裸的、低级的现象描述。

三　"剩余快感"发挥意识形态功能

"情感结构"理论起源于日常生活转向情感的现实情景，实际上是对感性力量的再发展。"剩余快感"理论如同鲍德里亚的消费社会理论指向生产力如何发生在消费领域，进而支撑资本主义市场的繁荣，实际上也是对于哲学中古老词语"感性"的再定义。正如马尔库塞的"爱欲解放论"流于乌托邦，诉诸感性的最终结果本质上不过是费尔巴哈的人本学在发达工业社会的再现。

---

① 〔英〕托·艾尔萨埃瑟：《喧哗与骚动的故事——对家庭情节剧的考察》，郝大铮译，《世界电影》1985 年第 2 期。
② 〔英〕托·艾尔萨埃瑟：《喧哗与骚动的故事——对家庭情节剧的考察》，郝大铮译，《世界电影》1985 年第 2 期。

后现代文化理论诟病马克思主义理论致力于阶级分析，因而无法解释资本主义在剥削之外产生的快感。快感研究理论认为，快感广泛存在于电影、电视剧、歌曲、手办等流行文化形式中，而流行文化以大众为基础，因此其重要性毋庸赘言。快感理论的研究方向主要有两条进路：一条是来自尼采对西方艺术中酒神与日神的美学反思，由阿多诺、巴赫金、罗兰·巴特等推进；另一条是将快感放置于文化体系中进行研究，使快感研究不单单局限在审美、精神分析、伦理、政治中，还延展到与社会生产、商业、日常生活的相关性上，大到对于资本主义制度的批判，小到饮食、艺术品等常见的生活现象都可以用"快感"理论来思考。其中，齐泽克的"剩余快感"研究为分析意识形态提供了一种理论基础，揭示了在资本主义制度下快感是如何将欲望的幻想作为一种普遍的代理形式免费提供给每个人，从而使快感代替使用价值成为消费社会中重要的一环，进而将原本属于资本主义生产方式下产生的经济剥削归结为不过是情感使然。

齐泽克改造了马克思的意识形态批判理论与彼得·斯洛特迪基克的犬儒理性批判中的经典命题，认为当今资本主义社会占统治地位的是一种以犬儒理性为核心的犬儒式意识形态。经典马克思主义认为人们对意识形态虚假性以及社会现实运作机制毫无察觉和不知情，却一生都在勤勉为之；经典犬儒主义却认为人们可以看清意识形态伪面具的存在，并以一种讽刺挖苦的通俗方式去拒绝。齐泽克指出，就其根本的层面（fundamental level）而言，意识形态不是用来掩饰事物的真实状态的幻觉，而是用来结构我们的社会现实的（无意识）幻象。当然，在这个根本的层面上，我们现在的社会远非后意识形态社会。意识形态幻象具有结构现实的力量（structuring power），使我们无法看到这种力量的方式多种多样，狗智式疏离（cynical distance）只是其中的一种：即使我们并不严肃地对待事物，即使我们保持反讽性疏离（ironical distance），我们依然在对意识形态推波助澜。① 在齐泽克看来，在后资本主义时代，人们既清楚以普适性为假面的意识形态下是特殊利益，也洞悉其运作方式，但出于功利和享乐主义动机人们选择忽略，并接受和认同当下社会为现实。

例如，风靡全球的漫威电影通常会播放后期花絮，内容包括剧本构思、场景搭建、后期合成、片场片花等。尽管影迷们已经知道电影中的幻象是如何产生的，但这完全不会影响影迷们的感受。又如体验店已经作为一种新的概念蓬勃发展，国内传统的日料店仅仅是食物和装修上仿造日本，现在却通过提供可以穿戴的和服、完全原装的食物、酒水等强化顾客的体验，近乎绝对还原的情状给了人们一种明知是假，却乐在其中的快感。显然，大众媒介抑或消费市场不再对其运作机制保持神秘，受众在面对虚假性时，出于享乐目的会选择认同或接受伪现实，并且假装毫不知情地去消费这些内容，所谓"快感"就是产生于这种明知是假的痛苦中但乐于接受的快乐。因此，在拉康、齐泽克的定义中，快感是"唯乐原则之外的东西"，不同于基于快乐和满足原则的简单而直接的快乐，快感产生于痛苦之中。

在此基础上，诱发人们对剩余快感的追求才是资本的杰作。齐泽克进一步发展了拉康的"剩余快感"概念，指出消费的本质就是为了获得快感，但是新消费主义不再满足于产品使用价值所带来的基本快感，而是追求构成多余所带来的剩余快感。例如，超市中除了满足消费者基本生存需要的商品，其他大部分商品作为一种补充物而存在，但正是到处都是超越了基本需要的多余产品，才使我们想要体验更多、占有更多，从而消费更多。又或者 Kinder 巧克力是鸡蛋形状，外包装五颜六色，但是中间是空的，用来放各种未知的小塑料玩具，孩子们对于这种巧克力的热情并不在于巧克力本身而在于对未知神秘的好奇。空虚与短缺类似于抛弃快感，而抛弃之后所剩的才是竞相追逐的，齐泽克尖锐地指出更多的作用不过时来填

---

① 〔斯洛文尼亚〕斯拉沃热·齐泽克：《意识形态的崇高客体》（第二版），季广茂译，中央编译出版社，2017，第33页。

补更少的缺乏，额外利益并不满足商家的交换原则，但是这种额外、多余可以诱发对于缺失的满足的需求，因此不是需要促进消费，是欲望的不满足或者说是对剩余快感的追求促进消费。新的消费形式中存在的悖论就是：得到的越多，欲望就越强烈，但同时失去的也就越多。快感支撑现在这种剩余，但它是一种构成性的多余。商家追求多余，消费者真正消费的是产品中具有快感的剩余物。如果说鲍德里亚寻找到了符号的意义，将符号作为引导消费生产的中介，即人们之所以消费一个产品，是因为该产品具备符号意义，这种符号意义与自我的意义是关联的，那么齐泽克则找到了引导消费的另一个中介——剩余快感。显然当大众选择消费的时候，并不是消费满足基本生存需要的产品，而是消费一种比他人"更多的"快感。概言之，产品的使用价值在今天已经无足轻重，非使用价值成为生产、流通、消费中的重要一环。

进而，齐泽克认为"剩余快感"是资本主义拜物教产生的原因之一。资本主义制造剩余快感、满足剩余快感的方式就是创造越来越多的"多余"产品，但主体的欲望与"多余"之间是如何建立联系的？拉康提供了答案——幻象。幻象具有两重功能。一是幻象构建欲望主体。齐泽克在《斜目而视》一书举例：美国小镇上有一个神秘的黑屋子，人们谁也不靠近这间屋子，久而久之越来越多与这个屋子相关的故事被编造出并流传，直到有一天，一位年轻的工程师不顾禁忌走进黑屋子，并宣告这间屋子只是一个破败的建筑物，真相并没有在人群中获得解放，相反工程师遭到了人们的攻击并为此付出生命的代价。因此，齐泽克得出结论：欲望并不是先在的，而是如经验一样，在后天反复的浸染中被挖掘的，一切形式的幻象都可以激发欲望，正如小孩子中经常一个人买一个零食，其他人便跟风效仿。如果社会源源不断地制造新的产品，构建新的幻象，那么欲望与消费就可以持续构成新的生产力。大众媒介时代，手机、电脑、电视、广播、广告牌随时随地在资本主义授意下构建幻象。幻象可以是各种各样新奇的产品、无穷无尽角色选择的游戏、得不到但可以幻想的各种各样的生活方式。

正是有了幻象这个中介，主体才学会欲望的展示、实现和满足。总之，大屏幕提供了浩瀚无穷的信息，其目的只有一个：教会主体如何欲望并行动。欲望在大众文化幻象中被不断地生产和展示，虚拟可以成为现实，但欲望无法在大众文化幻象中获得实现与满足，只会一直运作下去。幻象的第二个功能便是结构社会现实，幻象统治的现实并不一定是真实的现实。由于人们对于现实的认知还依赖于幻象框架，所以人们认为真的未必就是真的。例如，在大多数外国人的幻想中，中国是贫苦的、落后的，他们对于中国的印象来源于课本或传统中国电影或完全只是天真的假象。再如美国大选，无论是美国本土还是非美国地区的民众接收到的信息，所认为的真实信息其中很多都是媒介对真实的二次创造，抑或如布尔迪厄认为的教育体系就是一场庞大的骗局，是统治阶级规训大众的产物，人们以知识（学历）为追寻认可的目标，当我们认为自己走在追求学历、知识的正确道路时候焉能不诘问自己身处的是意识形态幻象还是真正的真理之路？齐泽克认为，幻象赋予人们成为有追求的主体，人们只能凭借这个幻象空间表述自己的欲望，并在欲望的不断满足中构建社会现实，一旦支配主体的物质生活和社会行为的大众幻象的基本幻象破碎，人们就会感觉到丧失现实感，这种幻象近似于康德哲学当中的先验图式发挥作用。

我们通过"情感结构"理论与"剩余快感"理论说明意识形态与文化的融合。这种融合将人的情感转变为社会中自我封闭的冲突，即将人的情感与劳动、阶级、资本等物质因素分隔起来，使它成为一种封闭的概念，从意识层面断绝了革命观念，使人的活动局限在上层建筑的领域。关于"情感"和"意识形态"的论述显然涉及了哲学传统中感性思想与理性思想的演化进程。在马克思主义哲学的理论视野中，这个问题就是：人类的劳动是情感力量的表现，还是工业史的一部分？马克思的回答是："没有自然界，没有感性的外部世界，工人什么也不能创造。自然界是工人的劳动得以实现、工人的劳动在其中活动、工人的劳动从中生产出和借以生产出自己的产品的材料。"① 如果不把人的劳动和情感诉诸物质生产条件，就无法真正地解决问题。正如马克思所解释的那样，我们的欲望和享乐来源于社会，这是在社会结构内部发挥作用的。

　　站在统治阶级的立场上理解意识形态，必然面临理论内部难以解决的逻辑困难：如果文化实践对社会变革没有任何实质性贡献，那么它与任何一个时代中的思想体系的区别是什么？文化批判理论不应该等同于传统的文化批评或文化分析，它不是对日常生活作经验性和描述性的概括，而是要解决当前社会的实际问题。文化批判理论关注各种形式的文化实践，这种实践来源于人们的日常生活，同时反作用于当前的社会形态。考察意识形态与文化的演变过程，我们不难发现，最初的转向源于精英文化实践向大众文化实践的转移。无论是卢卡奇、葛兰西，还是威廉斯、汤普森，都强调对工人阶级的教育和启蒙工作的伟大意义，试图在这个基础上推动无产阶级革命的现实进程。无产阶级革命首先是一场对抗性的现实运动，它不仅存在于文化或意识形态的领域，而且是工人阶级实现普遍解放的根本途径。

　　回溯意识形态与文化融合的路径，最初的转向源于精英文化实践向大众文化实践转移，无论是卢卡奇、葛兰西还是威廉斯、汤普森，对工人阶级的教育、启蒙、鼓舞之根本动机是挽救无产阶级革命，即作为对抗性的政治运动存在，其首要目的不是挽救文化，而是挽救阶级。随着意识形态理论的弥散化，这一政治目标也消散了，研究意识形态等同于研究意识形态是如何服务于统治关系，即研究资本主义如何塑造大众的意识，如此带来的后果是意识形态从作为批判的对象，转向作为一种中性的描述的对象存在，其后果笔者以一种话语性的捕捉现代性的方式为例说明。

　　基于话语性的对现代性的描述将现代性的发展归为四种"宏大叙事"，每一种都可被视作现代时间观念的变体。第一种叙事话语在

---

① 《马克思恩格斯文集》第 1 卷，人民出版社，2009，第 158 页。

过去强调他律性、压迫性，后来在欧洲"启蒙运动"中转变为解锢和解放。这一变化推动了大量的社会运动，包括民族解放运动、工人阶级解放运动、妇女解放运动和同性恋解放运动。第二种叙事话语在过去认为，自然人是贫穷、无知、停滞的，但后来在康德提出的人类可以走向成熟状态这一主张的影响下，转变为强调人类是进步、进化与成长的。这一变化指导人们不断积累关于知识、经济实践、政策和个人人生奋斗的观念。第三种叙事话语发展于 19 世纪后半叶，它潜藏于社会达尔文主义、帝国主义以及法西斯主义中，最终导向了胜利、成功与物竞天择的观念，并且近几十年来，这一叙事话语在全球竞争的新自由主义中又卷土重来。第四种叙事话语和第三种叙事话语在时间上相近，源于 19 世纪晚期的欧美国家和地区，但较少以政治、经济的形式表达，而是把现代主义视为一种文化意识形态、艺术先锋主义和时尚。

笔者想表达的是意识形态与经济的分离，如同我们对于现代性的描述，仅仅把现代性描述为一种脱离了经济因素的话语的变迁，看似为现代性的发展变化找出一条逻辑路径，但实际回归到了一种单向主义、片面主义，忽略了其中的复杂性与多元性，掩盖了现代化进程中的残酷起源于经济剥削的血泪生死，似乎现代性的产生源自启蒙意识，而现代性的发展不过是源于群体意识（意识形态）的改变，那么这和认为言情文学和肥皂剧通过幻想赋予了观众自我表达的空间，有什么区别？"在过去糟糕的日子里，我们把这称为逃避主义"①，它更多的是福柯表述的广为人知的牺牲者与压迫他们的权力体系共谋的理论。

在本章中，"情感结构理论"指出个体情感经验为社会经验乃至最终概括为文化的功能的机制，发挥着意识形态的功能。用文化解释意识形态，实际上是古老的黑格尔意识形态范式的回魂，其本质不过是为虚假的意识形态寻找合理性，不过是将社会结构神秘化并

---

① 〔英〕尼古拉斯·加恩海姆：《政治经济学与文化研究》，贺玉高、陶东风译，《西北师范大学报》（社会科学版）2005 年第 1 期。

将危机和矛盾转化为心灵问题，进而阻止改革主义观念的迭代，达到维护资本主义意识形态的目的。需注意到，将阶级矛盾转化为文化矛盾的惯用手段下潜藏的价值观念是：人民自发的经验/情感可以改变固定的权力制度，并不需要诉诸劳动关系、物质条件的改变；"快感理论"支撑起齐泽克的犬儒意识形态理论，但让快感代替使用价值成为消费社会中重要的一环，进而将原本属于资本主义生产方式下产生的经济剥削归结为不过是情感使然，其最终结果是将人的情感与劳动、阶级资本等分隔起来，使人的情感成为一种封闭的概念，从意识层面断绝革命观念，使人的活动局限在上层建筑领域而不会动摇到资本主义的根本。基于此，我们认为马克思对于意识形态虚假性的批判应在意识形态理论中得到彰显，这也要求意识形态理论回到与政治经济学的关联中。

从反映经济形态的意识形态理论走向文化的意识形态理论，表面上看西方马克思主义学者不再站在推翻资本主义经济制度的立场上去责难资本主义，实际上是西方马克思主义文化批判理论"去经济学化"的总体的影响，正是文化批判理论与政治经济学失去联合，才导致意识形态理论越来越话语化。

第四章

重建文化批判理论

　　"文化与经济"关系这一根本问题是无法回避的，寻找文化批判理论与政治经济学之间失去的联合是文化发展之未来，也是政治经济学研究之未来。在对文化批判理论重建的过程中，美国学者劳伦斯·格罗斯博格、澳大利亚学者格雷姆·特纳、英国学者约翰·哈特利等相继做出了贡献。本章重点分析道格拉斯·凯尔纳的媒介文化工业批判理论、格雷厄姆·默多克的传播批判政治经济学理论与托尼·本尼特的文化政策研究理论，它们分别代表了当前文化批判理论与政治经济学联合的可能的发展路径。在此基础上，本章重申马克思主义文化批判理论的基本原则，主张文化批判理论应注重历史逻辑、理论逻辑和实践逻辑。只有通过这样的方式才能说明文化和人的本质，说明文化究竟是如何促进个人自由而全面的发展。西方马克思主义文化批判理论试图在不改变资本主义制度的基础上解释和发展文化，中国特色社会主义文化理论则是中国特色社会主义制度的自我革命。丰子义指出，《资本论》中唯物史观的研究和阐发主要是抓住生产关系这一核心问题，并通过"社会有机体"和"社会经济形态的发展是一种自然历史过程"这两大思想来展开的。马克思的社会有机体理论实际上包括经济基础、政治制度和文化观念等多个维度。我国正面临百年未有之大变局，我们比历史上任何时期都更接近中华民族伟大复兴的历史进程，建设社会主义文化强国不仅是中国式现代化的题中应有之义，同时也是构建中国特色哲学社会科学的逻辑推论。

第一节　重建文化批判理论的三种路径

一　道格拉斯·凯尔纳：媒介文化工业批判

道格拉斯·凯尔纳的媒介文化工业批判理论，是将政治经济学应用于媒介文化的批判实践，是对政治经济学与文化研究之联合所做的努力。其理论的创生源自三点：一是对文化研究越来越失去政治经济学维度的不满；二是对当代社会是媒介景观社会的情势判断；三是对政治经济学与文化研究联合之必要性的回应。

（一）媒介景观社会文本批判及其影响

景观社会并非一个新鲜词，它是在 20 世纪 60 年代由居伊·德波提出。媒介景观社会理论来源是马克思的异化分析与法兰克福学派的物化分析，核心指向是认为当代社会是商品异常丰富的社会，但与传统商品社会不同，表现在两个方面：一是个体对于商品的选择似乎完全是出于自由自主，进而资本对人的控制看似消失了；二是不同于传统的实体商品，我们身处于一个由各种各样的影视、图像、模型、符号所组成的世界，视觉景观完全可以代替真实的存在。凯尔纳将当代社会称为技术资本主义社会，即随着技术的不断进步，媒介文化扩散于全球，媒介消费者更像是文本的阅读者，通过各种各样的视觉文本，媒介消费者被训练为更好地适应文化产品消费和服务的对象。

但如果以此纯粹的文本批判视域看待当前的技术资本主义社会，始终无法带来任何政治意义或批判意义上的进步。相反，它带来的消极影响至少有两点。

一是对于抵制的膜拜。将大众理解为政治上积极反抗的受众，即大众并未按照电视、电影文本的符码进行对应的解码，而是朝着相反的方向，在另一个体系内重新进行组合，产生反抗性的解码，其所带来的影响是因为预先设定了这样的大众是积极的，那么这种反抗性的解码就会受到推崇。举例来说，在电影《虎胆威龙》中收容所里无家可归的人面对恐怖分子冲到警察局杀死警察大声喝彩，费斯克认为这是他们在表达对于社会权威的抵制，但是凯尔纳却认为那些无家者的喝彩不过是看到了警察当中的败类被惩治的一种官能反应而已。这种娱乐效果实际上只是利用了普通人认为坏人应该得到惩治的心理，所以这种抵制，非但算不上抵制，而且可能会有消极的影响，比如强化了暴力至上的观念，盲目赞赏所带来的后续影响可以通过电影《非法制裁》看到。在电影《非法制裁》中，电影男主角尼克的儿子被黑帮意外杀死，尼克在追逐嫌疑人时扑倒了嫌疑人乔，摘下其面具。后来乔被逮捕，但由于商店没有监控，而且目击者仅尼克一人，所以即便他说了实话，也会被辩方律师攻击怀疑，其结果就是乔至多几年便可出狱。于是尼克在法庭上称自己没有看清凶手，结果乔被无罪释放，之后这位父亲开始了自己的法外制裁的复仇计划。对于任何反抗性的解码不加批判地赞扬，很容易导致对抵制的盲目崇拜。正如在电影中，一切法治失去了力量，人人都可以作为审判者，由此武力便成了唯一至上，其最终结果并不是一个和谐的、对话的社会，一定是弱肉强食的达尔文主义的社会。

二是助长娱乐至上。由于过度重视和肯定受众在观看电视剧和其他文化时所获得的快乐、快感，电影、电视剧抛弃了之前隐含的与观众情绪的共鸣，而转向了直接规训大众。比如在各类情景喜剧中额外地增加笑声与掌声，似乎什么时候该笑，什么时候不该笑，并不是大众自发的，而是预先设定好的，于是当一个情景被设定为需要笑，而观众没有笑的时候，他就进入了后天的规训体系。同理，今天大量的综艺、真人秀、脱口秀，早已不再是传递某种信念，而是迎合、制造愉悦。就笔者而言，大多时候我并不觉得某一个笑点是搞笑的，但依然是要跟随着剧本所设置的笑点调动自身观感，更多时候是我需要对此做出反应，而不是我自然地对此做出反应。

基于此，凯尔纳认为如果仅仅关注受众与文本，其结果不过是在各自的文化领域展开激烈的论证，只是价值观的反复，有可能导致新的教条主义，甚至退化为一种妥协的民粹主义，对于产生文本以及消费文本的社会关系及社会机构的忽视需要政治经济学的回归。

（二）媒介文化政治经济学批判

要恢复文化批判理论的政治经济学维度，凯尔纳认为首先要在政治经济学视野内分析文本的生产。任何文化媒介产品首先是由文化工业按照工业生产的模式所生产的，这一模式就决定了它本身受资本主义生产体系追逐利益本质的影响。要生产什么、什么可以进入流通环节，事实上都是由资本主义工业生产体系所决定的。正如流行的背后少不了资本的推动，而流行所带来的大众抵抗抑或民主功能，恰恰说明了在资本与民主之间的结构性冲突和张力，它所反映的绝不是简单的经济决定论，而是证明文化媒介领域是一个对抗和抗争的领域，由此我们可以通过对文化媒介工业进行政治经济学的批判来揭示文本中隐藏的阶级、种族、性别等各种社会不平等的政治冲突。凯尔纳以美国媒介文化为例，认为不同时期媒介文化的符码的变化往往与经济社会的变化是一致。例如，二战后的美国空前富裕，因此这一时期的电影、电视剧是以中产阶级幸福小家庭情节剧为主；八九十年代经济长期萧条，这一时期的电影、电视剧主要讲述如何在经济下滑与重构中保持信念；当下的情节剧则是集中在亲情、友情、爱情，以此来反映价值观的多元化。媒介文化生产系统并不仅仅是由经济决定的，它也受到政治、文化等诸多因素的共同影响。例如西方媒介文化的生产与产品诚然是以利润和市场为导向的，但为了吸引更多的观众，电影公司在安排角色的时候会种族元素丰富化，当代流行电影中，通常会汇集不同人种，黑人、白人、黄种人都出现，而且在具体的角色分配上也不是白人至上，或以白人为主。比如在《当幸福来敲门》《肖申克的救赎》《电影天堂》等电影中，黑人不再是作为肮脏的、邪恶的（传统电影）代表，而是作为智者的存在。当然黑人在电影中角色的变化这一进程又与黑人权力的斗争历史、族裔文化、亚文化的兴起等相关。再比如近些年来流行的漫威电影，流行不仅意味着持续不断的电影制作，还意味着与之相应的电视剧、电视节目、综艺、访谈，甚至一系列周边产品的配套展出与销售。这一方面是来自美国经济在全球的输出性力量，也与多元文化政策相关。凯尔纳对媒介文化工业的批判显然是对法兰克福学派与伯明翰学派的结合，

凯尔纳所要论证的是文化政治经济学所指向的绝不是经济决定论，它所表明的是任何对于文化的分析一方面不能脱离具体的经济社会形态，另一方面毕竟"这个系统是由国家、经济、媒介、社会机构以及社会实践、文化和日常生活之间的关系构成的"①。正如任何对现代性历史轨迹的谨慎审视都应当质疑理想主义者关于单线道路、全面现代化或现代化革命的概念。凯尔纳更多强调的是媒介文化工业处于一个统治与被统治的对立关系中，要以多元视角研究其受到的如政治、文化传统等方面的影响。

其次，在确认将政治经济学引入对文化研究的分析中，凯尔纳主张从政治经济学视角展开对文本的分析与阐释。在景观社会中，意识形态的影响不再依靠传统的一整套思想观念灌输，而是渗透于一切媒介形式，因此对媒介文本予以政治经济学的批判对于揭示当代意识形态的运作机制尤为重要。凯尔纳提出了两种对文本进行政治经济学批判的方式：一种是语境化意识形态批判，另一种是症候式意识形态批判。所谓语境化意识形态批判是指文化产品的产生是基于两种语境：一是文化语境，二是社会历史语境。以电影为例，我们既可以把一部电影放入其所属的电影类型或序列中，考察它与其他电影的差异，阐释这一部电影所要表明的文化意义；也可以将一部电影放到当时的历史、社会、政治、经济的语境中具体考察这一部电影是如何表现意识形态或社会经济形态。为此凯尔纳引用了

---

① 〔美〕道格拉斯·凯尔纳：《批判理论与文化研究：未能达成的结合》，陶东风译，中国人民大学出版社，2006，第148页。

社会学家罗伯特·伍斯诺的社会视野、话语场、具象作用来做进一步说明。在凯尔纳的作品中是以《休闲骑士》为例做出说明的。此处我们以大众熟悉的电影《霸王别姬》为例。影片的"社会视野"是指从民国到新中国成立的这段历史。电影选取了中国近代历史的六个时间点作为影片叙述进程的节点，国家民族的兴衰成败深刻着影响着人物的命运，小时候传统的梨园教诲、长大后新式西装、再后来为救段小楼，程蝶衣承受汉奸污名为千人所指，一幕幕无不表现出在封建与现代、中国与西方的矛盾下人物命运的身不由己。"话语场"可以理解为电影中八次霸王别姬的表演场景，其中夹杂着封建贵族阶层生活的糜烂与纸醉金迷、国民党统治期间对传统文化的蔑视与利用等。"具象作用"则体现在程蝶衣与段小楼两个人物情感的纠结变化。所谓症候式意识形态批判，"是用历史和社会理论来分析文化文本，反过来用文化文本来阐明历史性的潮流、冲突、可能性与焦虑"[1]。症候式意识形态批判一方面主张要关注文本中心的意识形态，另一方面还要从多维度关注文本的边缘因素、潜在意义、隐藏信息，"这种策略能够揭示出霸权性的意识形态本身的裂缝和分歧，虚弱性和薄弱的部分以及种种缺口"[2]。以漫威电影《钢铁侠》为例，尽管它是科幻冒险电影，但电影中的"钢铁侠"无疑是人物化的美国。从电影一开始斯塔克家族就掌握着美国的军事工业，扮演着全球和平的维护者，其所表现的中心意识形态是凸显美国的正义与霸主地位，反面人物的东欧造型以及各种各样的语言实际上既是对现实中恐怖分子的切实描述，但也暗含了美国对东欧、少数族裔整体的顾虑。《钢铁侠3》的背景是中国，出现了大量的中国元素，甚至是中国赞助商的广告，这一定程度上表明了中国的崛起，至少表明了中国大众在国际电影票房当中的贡献力量。总之，形式即意义，通过对媒介文化如图像、音乐、场景等的文本分析，可以

---

① 〔美〕道格拉斯·凯尔纳：《媒体文化：介于现代与后现代之间的文化研究、认同性与政治》，丁宁译，商务印书馆，2004，第212页。
② 〔美〕道格拉斯·凯尔纳：《媒体文化：介于现代与后现代之间的文化研究、认同性与政治》，丁宁译，商务印书馆，2004，第196页。

进一步了解意识形态的发生与影响。

最后，凯尔纳还强调了要分析有关受众对媒介文化产品的接受和使用，互联网已经成为舆论新阵地。在高度连接和数字授权的公众崛起的时代，网络公共领域是一个由许多声音组成的复杂的全球网络，公众不仅是舆论的目标受众，也是主要的参与者，互联网与新媒体既能带来一系列积极影响的创新实践，也能带来了一系列有害的意外副作用，混乱的符号和不确定的意义使得舆论旋涡更加激荡。凯尔纳将之称为媒介政治，并认为媒介、计算机和信息技术是潜在的民主技术。凯尔纳强调："信息与传播的免费流动，对民主社会来说是举足轻重的，因而，民主要求的是所有的人都可以获得强有力的信息与传播的工具。让信息超级高速公路对所有人敞开，保护诸如互联网那样的信息高速公路，同时努力对更多的人开放，这就是当代民主的媒体政治学中的一个关键因素。"[①] 在当今世界中，资产阶级在全球范围内造成了普遍的阶级对立关系，媒介、计算机和信息技术可以推动现实政治的发展，因而具有一定的民主属性。生产方式的变革同样促使历史主体完成了角色的转换。传统媒介形式要求公众具有阅读、写作等基本素养，现代媒介形式则要求公众具有对文化媒介的批判和反思能力，从而积极地参与到现实社会的民主进程之中。

需要特别指出的是，凯尔纳以政治经济学切入文化研究，并不是单纯地强调经济因素，而是强调政治、经济、政策、机构等诸多因素与文化的相互作用。因此，凯尔纳主张对媒介文化工业批判要从多元视角出发，既要克服法兰克福学派的一些倾向，也要克服文化研究的局限性。他最终所推崇的是诊断式的方法，即时刻保持着批判诊断的立场，将媒介文化作为一种复杂的政治哲学和经济现象看待，用社会文化理论来分析文本，将文本置于特定的权力与统治关系中分析，反过来再用文本去解释历史的各种话语、意识形态、

---

① 〔美〕道格拉斯·凯尔纳：《媒体文化：介于现代与后现代之间的文化研究、认同性与政治》，丁宁译，商务印书馆，2013，第573页。

阶级、冲突等。在凯尔纳那里，文化研究不应被束之高阁，而应成为争取更美好社会的斗争中的重要的一部分。

二　格雷厄姆·默多克：传播批判政治经济学

格雷厄姆·默多克是传播批判政治经济学派主要开创者之一。不同于道格拉斯·凯尔纳主张以政治经济学批判为基础，通过多元视角对媒介文化工业进行文本分析，从而弥合政治经济学与文化研究失去的联合，默多克将批判的视野扩大到了整个传播领域，即包含了对传播者研究、渠道媒介研究、受众研究、文本研究、效果研究等多重领域，默多克将传播活动视为一种经济活动，通过运用马克思主义政治经济学来分析资本主义传媒产业与政治、经济、权力、话语、科技、环境、全球化、社会变迁等之间的复杂关系，是当代政治经济学与文化研究融合方面的大家。可从三个方面把握其经济—文化思想。

（一）批判政治经济学、传统经济学与经济学的区别

默多克批评文化研究过度关注文本与日常行为，忽略了对现代生活中心的资本主义的关注，主张要将文化研究与传播政治经济学统一起来。基于此，默多克首先分析了批判政治经济学与传统经济学及经济学的区别。

由于学科分化，经济学当前仅仅是作为一门研究各种经济活动的发展、关系、规律的具体的、单独的学科，其分支主要有微观经济学与宏观经济学。经济学关注的是生产、货币、物价、就业、贸易等，而不是与之相关的社会正义、道德、价值，其相关的基础学科多为数学、统计。在经济学家那里普遍的个人消费行为更多的是心理倾向的产物，而非社会建构的实践产物。政治经济学相较于经济学则多了"政治性"，通常以历史的生产关系或一定的社会生产关系为研究对象，是研究人类社会中支配物质生活资料生产和交换的规律的科学。不同于经济学侧重于具体、部分的研究，政治经济学所面对的是生产的总体。但是传统的政治经济学以启蒙理性为核心，

主张顺应市场的变化，给予市场最广泛的自由。批判政治经济学则不同，批判政治经济学以批判为手段，目的是进行政治性的干预，强调社会建构与公民权益的结合，通过揭示市场系统的虚假、不平等加快民主实践的步伐。由此，默多克强调了批判政治经济学的四个特点：（1）整体性；（2）历史性；（3）关注资本主义企业与公众干预之间的平衡；（4）它超越了技术上的效率问题，而和正义、公正及公共利益等基本的道德问题交战。① 由此，默多克的传播批判政治经济学主要集中研究以下四个方面：（1）文化生产在文化消费领域的极限影响；（2）文本与生产、消费的联系；（3）评估文化消费的政治经济学，包括阶级分化、劳工剥削、不平等再生产、信息公正等；（4）关注公民权益与人的全面发展的终极关怀。

概言之，默多克从社会主义所有制关系出发，通过社会经济结构来剖析大众传媒的内在矛盾，把大众传媒看作社会权力体制的重要组成部分。这同样是对西方马克思主义文化批判理论的继承和发展：在垄断资本主义阶段，大众文化的所有权和控制权集中在金融集团的手中，这种现象必然导致社会不平等的再生产。②

（二）传播批判政治经济学

将政治经济学应用于传播领域，默多克首先做的是重启对资本主义基本结构的思考，即延续法兰克福学派文化工业的批判理论，指出资本对于文化产业的巨大影响，但他认为经济因素并不是决定因素，而是最初因素。默多克认为经济基础与上层建筑关系是一个关于建筑学的隐喻，对于这一概念的领悟来自其孩提时代的回忆。他在自述中说，童年时喜欢乘坐一家百货公司的电梯，有一次有人将电梯按错了键，降到了地下室，在那里他看到了维系整个大厦的基础机器。随着电梯的不断上升，百货公司所卖的东西越来越不实

---

① Peter Golding and Graham Murdock, "Culture, Communication and Political Economy," in James Curran and Michael Gurevitch, eds., *Mass Media and Society*, London: Edward Arnold, 1991, pp. 15-32.

② 参见马驰《格雷厄姆·默多克》，《新闻前哨》2011 年第 1 期。

用，这像是一个社会过程。物质资料生产毫无疑问是最根本的，人必须满足自己的生存需要，但竖立在物质资料生产之上的种种经济关系与上层建筑的关系并不是简单的一一对应关系，其中关涉到社会、文化、政策、科技等诸多因素的复杂参与。正如戈兰·瑟伯恩教授认为的，现代性的过程是一个缠混的过程：我们注意到，尽管为政治文化精英所开创的错综复杂的现代文化充斥于牛津、剑桥、伦敦或巴黎的欧洲现代性中，亦在印度、尼日利亚或拉丁美洲产生了实际影响。在人类学研究的帮助下我们可以发现，文化形态至少与后殖民时代大城市的民众一样，具有复杂性和缠混性。散居文化也充分说明了这一可能性。尽管这是一个日益以媒体为中心的时代，有些后现代主义学者甚至认为资本已不再是各国之间较量的根本，是思想与专门的技术推动了社会的发展，但我们必须去追问媒介产品和内容是由谁生产的、是如何生产的、这些媒介产品和内容又将流向何处，文化产业与企业关系、企业与资本关系、资本与政治关系，这些经典的政治经济学问题，我们在这个时代仍需要回答。

默多克举了两个例子用以说明马克思政治经济学批判在今天仍有重大价值。例一：当前越来越多的研究关注传播系统的生态问题，这一关注起源于当前明显变化的全球气候，这是传播政治经济学过去所没有涉及的领域。在互联网急速发展的时代，与传播系统相关的物质性存在是能源消耗的一大主力，小到电视机，大到光纤电缆，与之相关的能量消耗、环境污染、废物生产等使越来越多的传播研究学者认识到当前资本主义的生产系统与消费系统理论的进一步发展急需考虑生态问题。政治生态学是传播政治经济学的新向度，新自由主义经济意味着全球性的能源消耗，从发达国家到发展中国家，资本主义曾经对环境和气候造成的生态问题，在许多非资本主义国家不假思考地重复着，这不仅源自历史的资本集中、剥削问题，也与当代种种不平等相关，当我们去讨论生态问题时，实际上仍然是在讨论人类社会与自然界如何持续运转的问题，这就必须回到马克思对于实践的定义：人的对象化活动，而人的对象化活动与商品、资本密切相关，我们显然必须把人的活动理解为工业史的一部分才能说明今天的世界。

　　例二：默多克借用"圈地"这一概念来说明传播经济学视域下技术与知识权力的博弈，在马克思笔下圈地运动是羊吃人的血腥暴力活动，由于毛纺织业的迅猛发展，养羊变得有利可图，从前农奴制下的土地使用共分为三种情况：一是在敞田制的基础下，大家可以互相协商兑换或买卖土地以使土地集中；二是有大量的工地与荒地；三是农民主要靠租用份地生活。英国新兴的资产阶级和新贵族，通过暴力把农民从土地上赶出去，将土地变成大牧场和大农场，使自己摇身一变成为资产阶级，农民成为无产阶级，剥削的历史由此展开。今天的传播领域圈地运动也在发生，默多克谈到了人工智能问题，具有高度经济价值的知识被极其谨慎地保护起来，这就意味着要生产什么类型的机器人、生产多少机器人，完全是由掌握该项知识技术的少数人来决定的，少数人控制事情的走向，意味着权力垄断。互联网就是一个非常典型的例子，互联网最初仅仅是作为公共场域而存在，但很快它便走向了商业化，商业的根本目的是追求利益与利润。以各类租房软件为例，对于媒介信息的依赖促使当代人希望以更快捷、便利的方式了解租房信息，在信息时代，人们的消费方式也发生了改变，线上可以选房、租房、签订合同，就不需要线下奔波，当信息越来越集中并依赖于传播领域，权力的拥有者就可以通过控制信息来控制人们的选择，例如租房软件通过预先大量收割市场的房子控制房源信息，最后就可以操控房价，原本租一间屋子需要 1000 元，现在通过租房平台可能高达 2000 元，但由于对相关信息的垄断，人们无力挑战压榨与不公正，封闭性和公共性之间的张力和对抗关系由此构成，当垄断越来越集中，房价越来越高，经济泡沫也就越来越大，经济危机的可能性也随之而来。又或者如现在非常流行的外卖软件，一开始人们可以享受便宜的价格，但随着人们对这一传播方式的依赖形成，少数外卖公司通过控制外卖价格谋取差价，人们在无形之中付出了比在真实线下消费更高的价格，行业垄断由此形成。信息传播不仅仅关乎文字、图像或真实与否，信息传统影响着生产、消费系统的建立、发展，我们今天所看到的共享与开放正在各个层面同资本的封闭性做斗争：一方面是私有制与剥削，另一方面是集体活动与非资本化共享的需要。马克思所批判的从未远离我们的时代，相反，正处于我们时代的中心。

其次，默多克关注文本与生产、消费的联系。默多克对文本的关注最早源自其在莱斯特大学大众传媒中心的工作。当时他负责媒体报告分析和编纂实践历史及陈述。在对 1968 年 10 月 27 日伦敦举行反对越南战争游行的案例分析中，默多克意识到对传播渠道的兼并与垄断，会侵犯大众知情权、扭曲事实真相、阻碍民主化进程。在《示威游行与传播：一个个案研究》中英国媒体报道与实际情况大相径庭，现实中反越战游行尽管在美国大使馆附近发生了很小的冲突，但总体处在严密的组织与和平状态中。但是第二天出现在报纸头条头版上的是一个游行者踢了一个警察的脸，暗示着似乎整场游行充满了暴力、混乱。基于此，默多克及其同事采取了传统研究学的调查方法，通过问卷、访谈、观察以及二手资料的运用，在书中详细介绍了当时报纸、电视等传播媒体报道的失实，阐述了这些报道对当时的观众、社会与政治的影响，并最终责问导致传媒报道整体失实的原因。显然一方面在激烈的竞争市场中，视觉上的刺激远比平和的文字更有噱头；另一方面，当涉及核心利益时，西方资本主义传媒并没有按照客观、真实、民主的要求来报道，传媒充当了政治的手段，暴露了其阶级立场。

当然，如果这一时期默多克对于传媒的关注仍然指向一种大众是被动的受众，那么随着传播技术的发展，当代大众已不仅是媒体的消费者，更是数字媒体的参与式劳动的"产消者"。以 YouTube 等视听平台为例，从前大众仅仅是传播文本的消费者，比如阅读报纸需要买报纸，看电视、上网需要缴纳费用。但现在的大众一方面可以对成本进行二次加工、销售来获利，以风靡全球的《好声音》为例，参与的选手在好声音节目这一文本中属于参与者，属于被消费的对象，但参与节目的选手，可以在 YouTube 平台作为企业家对自己进行二次销售，同时大众可以就这档节目中的任何情景，制作点评、讨论等视频从一个消费者转向生产者，粉丝经济的由来便是如此，即是由大众（粉丝）决定了传播内容。另一方面，越来越多的传统阅听人转变为企业家阅听人，人们并不需要任何专业知识或技能，只需要展示自己、消费自己便可以从其他阅听人那里获利，在新的一轮消费中，必然存在新的不平等。

由此默多克在其《公民权益与代表》中表述了在资本主义社会构建公民身份和保护文化权利的必要性。公民权益这一概念经历了从简单到复杂的变化。在启蒙时代保障公民权益仅在于精神上的启蒙，但现在保障公民权益要落实到方方面面。首先，人民要变成公民就必须拥有参与社会发展的物质与符号资源，由此资本主义就不能是自由发展的而应受到国家的干预。这种干预最初是为了弥补过度的不平等，但现在这种干预是为了保障公民尽可能地有机会参与社会发展，由此国家在保护公民权益方面就需要更多的干预。例如通过建立公共基金支持公共权益、通过出台法律法规号召保障公共领域的权力共享，对再就业、种族差别等方面注入更多的平等。其次，为了确保公众享有基本物质条件，默多克认为公民权益中很重要的一部分是公民拥有使用相关符号资源以及高效使用这些资源的能力，仅仅是教育公平，或享受公共图书馆、博物馆等文化机构，或更大限度地享受传媒信息中传达的公平、正义是不够的。

我们在现实生活当中也可以感受到，当遭受到不公正的待遇，要维护自身权益还需要拥有更多的使用符号资源的权利，由此默多克提出公民必须享有文化权包括对信息的权利、对经验的权利、对知识的权利以及对参与的权利。在这样一个信息化的时代，公民权利的保障很大程度上来自是否可以公平地使用媒介渠道发声，也就是说如果一个公民遭受到了不正义，他应该是可以通过各种通信媒介为自己辩护，默多克表示我们不得不承认人的发展是阶段性的和动态性的。正因如此，我们才更要把人的解放作为最终的目的。

三　托尼·本尼特：文化政策研究

托尼·本尼特的研究方向主要是文化与社会问题。受威廉斯、汤普森等人的影响，以及之后在德里达、福柯等人的影响下，本尼特进一步拓展了文化的概念，提出了治理性文化观。赋予文化彻底的物质性与历史性，将文化看作社会实践的特殊领域，关注文化生产的政治经济条件，文化既是治理对象也是治理工具。在强调文化实践属性的基础上，本尼特主张将文化研究的重点放在文化政策、文化机构运作机制以及知识分子社会职能等领域。本尼特的治理性文化观及其对文化政策的研究，是当代文化批判理论不可忽视的学说。

（一）治理性文化观

文化的内涵和外延随着时代不断扩展。在阐明本尼特的治理性文化观前，我们通过文化研究理论中对"文化主义"的定义来阐明两种经典的文化观。

第一种是表示与功利主张相对立的文艺本质，具有明显的精英化、浪漫化倾向，通常与文学、音乐、绘画、戏剧等艺术形式相连，强调高雅的艺术与审美情趣。米尔纳认为，"文化主义"指的是故意将文化价值与功利主张相对立的知识传统。"这种传统的特色在于认为文化作为一个有机整体，从根本上是反个人主义的；作为一个满贮优于物质文明价值的宝库，从根本上是反功利主义的。"① 作为一种文化传统，"文化主义"自身融入了"文学—人文主义"传统对文化与社会关系的思考，它强调文化从根本上是反个人主义、反功利主义的一个有机整体，近乎表示任何剥离政治、经济因素的事物，是优于物质文明的价值宝库。同时，米尔纳在书中介绍了此等意义的"文化主义"在德国与英国的形成过程。在德国，文化主义源自浪漫主义、历史主义与解释学，譬如德国的文化主义者倾向于将文

---

① 〔澳〕安德鲁·米尔纳、〔澳〕杰夫·布劳伊特：《当代文化理论》，刘超等译，江苏人民出版社，2018，第 17 页。

化的特殊性和独特性与民族语言以及民族理念联系起来。对于赫尔德来说，仅仅是母语文化就能够使一个国家从蒙昧的野蛮状态中脱颖而出；对于黑格尔来说，历史在本质上是世界历史的国家的历史，国家只是世界精神有意识的表现形式。在英国则发轫于近代英国"文化与文明"对立的传统，强调文化与机械文明和技术功利主义的对立，譬如阿诺德在《文化与无政府状态》中认为文化是蕴含于人类思维的内在，是人类社会的共同财富，是所有为人性之美和价值奋斗力量的总和，而文明是机械化的；在艾略特那里，文化主义更体现了深厚的文化精英主义的精神禀赋。米尔纳对于文化主义的历史追溯恰恰说明了在漫长的人类历史中，文化作为一种与功利主张相对立的文艺本质的精神存在，早已是人们根深蒂固的观念。

第二种是表示整个生活方式，是涵盖物质、知识、精神，建立在日常经验基础上的整体。斯图亚特·霍尔在《文化研究：两种范式》中提出文化主义是一种文化研究的范式。这一研究范式起源于英国伯明翰学派，由当代文化研究中心第三代掌门人理查德·约翰逊"发明"，用来指称霍加特、汤普森、威廉斯所开展的工作。他们批评机械的"经济决定论"，通过将文化与社会日常生活经验相联系，将文化理解为社会意指实践，强调人的能动性和文化对意义、价值、社会的建构作用。譬如，与传统文化精英批评工人阶级为群氓不同，汤普森在《英国工人阶级的形成》中认为大众阅读、成人教育活动有利于重塑工人阶级的文化水平，重启工人阶级的革命力量，彰显人民大众作为日常生活主体的能动性；威廉斯则进一步发展出文化唯物主义，认为文化具有自己的生产方式和生产机制，是对社会生活进行能动的转化的中介，文化不是经济基础的附庸而是社会生产中不可缺的一环。文化主义作为研究范式最显著的特点是：深受马克思主义影响，也是在这个基础上，美国左翼文化学者丹尼斯·德沃金创造了"文化马克思主义"用以指称"文化主义"中马克思主义的性质。斯道雷在《文化理论与通俗文化导论》中指出，"文化主义者研究文化作品和实践，是为了重建或推想诸如经历、价值观念等等——特殊群体或阶级或整个社会的‘情感结构’，是为了更好地理解那些体验过这类文化的人群的生活”①。斯图亚特·霍尔对文化主义概念的阐释说明了人们对于文化的观念业已发生变化，文化不再是纯粹的精神领域的存在，而是与物质、现实发生关系的存在。

传统文化观试图对文化的价值做出区分，强调高级文化与流行文化的差别，即认为文化自身是有价值维度的。文化是人类文明和时代精神的精华，但也容易沦为资本主义生产关系的附属物。威廉斯的文化观强调文化的物质性，实际上是完成了思维范式的变革，即从本质主义的定义转向了结构主义的分析，试图在经济基础与上层建筑的辩证关系中理解文化，强调文化活动也是一种物质生产方式，它和政治制度、意识形态、伦理观念等上层建筑密不可分。在福柯理论的影响下，本尼特赋予了文化三重规定性。

（1）历史性。本尼特赞同马克思的文化观，认为文化是人类活动的重要组成部分，因此对于文化的分析必然要置于历史之中。文化是由人创造的，文化的积累和继承都是一个创造过程，历史经验证明文化的继承不应只停留在恪守传统文化上，而应该立足时代和人民的需要，将文化的发展与推进社会的实际活动需要结合在一起，“任何时候它都既包括对现在的反应，也包括对过去的延续”②。历史是有生命的，因而文化也是有生命的，历史的时间不同于物理学的时间，历史是一种透达过去、了解现在、影响未来的生命之学，强调文化的史学精神，就是强调将文化视作一种生命之学来看待，强调文化是一种生机主义，它是思考世界的方法、解决问题的角度，不是一个封闭的哲学概念，是一个开放的活的历史体系，这是本尼特文化观的最高的意义与价值。

（2）物质性。本尼特赞同马克思的唯物史观，赋予文化最彻底

---

① 〔英〕约翰·斯道雷：《文化理论与通俗文化导论》（第二版），杨竹山等译，南京大学出版社，2006，第68页。

② 〔英〕雷蒙·威廉斯：《文化与社会：1780—1950》，高晓玲译，吉林出版集团有限责任公司，2011，第282页。

的物质性。他认为文化首先是物质性的，生活中一切文化产品都是具有可感的形式，如果没有物质材料实体，文化只能是纯粹精神的、人脑中的观念，因此文化的物质性广泛存在于经济社会与政治实践中。在本尼特看来，"文化总是一种在场，并且是第一位的，存在于经济、社会和政治实践之中，还从内部构建它们"①。文化产业的蓬勃发展宣告了文化的物质性。消费社会实现了传统文化的商业化，把传统也变成了一种用于消费的商品。在使用价值和交流价值之外，传统文化被赋予了一种全新的价值，这就是记忆价值。现代性实现了传统文化的再生产，这就是文化资本主义。文化资本主义虽然适用于资本主义的生产方式，但它同样为传统文化的复兴奠定了基础，同时也为社会观念和个人认同提供了新的影响。本尼特强调将文化从审美领域转向政治经济领域，文化既能够调节社会实践，文化本身又是一种社会实践，能够影响社会现实，从历史语境出发，在工业化、资本化、商品化的历史语境中，文化本身就是物质性的存在。

（3）治理性。传统文化观暗含着对文化价值的区分，本尼特进一步将这种区分合法化。在福柯治理理论的影响下，本尼特提出文化的治理性概念，认为文化既表现为治理目标，又表现为治理工具。就治理目标而言，文化指向对下层社会阶级的道德、礼仪和生活方式的改变，即高价值文化对低价值文化的影响，学校教育就是文化治理目标的手段之一，通过教育赋予大众基本的道德、理性、审美判断力，掌握一定的科学知识。就治理工具而言，文化主要是指"艺术和智性活动，它们成为对道德、礼仪和行为符码等领域的管理干预和调节的手段"②。例如本尼特在《博物馆的诞生》中描述了随着现代化的进程，博物馆肩负起使艺术的历史可以被理解的责任，促进了大众对文明、文化的一般性理解。本尼特又将文化的治理性

---

① 〔英〕托尼·本尼特：《本尼特：文化与社会》，王杰等译，广西师范大学出版社，2007，第204页。

② 〔英〕托尼·本尼特：《本尼特：文化与社会》，王杰等译，广西师范大学出版社，2007，第162页。

分为"自我治理"和"对我治理"两种形式：前者表示从主体出发，以达到自我完善为目的，不断靠近真理化的文化。后者表示国家政府等外在机构通过种种方式对个体施加干预，这种干预主要表现为一系列的话语策略、政策、制度。基于此，本尼特强调一方面文化政策是政府与文化之间特殊的关系结构的产物，具体的文化话语在特定的政策领域会产生特定的治理效果；另一方面如果不强调文化在社会中被管理、被经营的各种变化，就无法理解文化深植于各种环境之中产生的丰富性，治理性文化的重要性在于将文化视为特殊的社会实践领域，核心指向是在以治理为目标的社会中发展的文化与社会之间的复杂关系。

（二）文化政策研究

本尼特将文化政策研究引入文化研究视域内，小到新闻报道大到国家整体政策，文化政策隐含了诸种权力关系。作为文本实践的文化与政策形成执行之间蕴含复杂关系，文化政策研究包含诸多流派与分支，就本尼特的文化政策研究有两个显著的特点。

（1）强调文化政策的社会治理功能，主张知识分子就是文化政策链条中的一个环节，知识分子不应是文化政策的合谋者，而应做文化政策的技工，即站在文化批判的立场上去修正、治理文化政策，将文化政策的实用性发挥到最大程度。这一点暗示文化政策的本质是一种技术官僚主义，通过制定法律、出台政策、进行管治来规训美学创造和集体的生活方式。它指向的并非个体或群体，而是全部社会人口，但目的是与社会整体规划和公共程序相协调。这一视域下的文化政策与历史演变、身份认同、全球化、公民权利等相关，例如教科文组织大会 1966 年通过了《国际文化合作原则宣言》、1982 年通过《墨西哥城文化政策宣言》、2001 年通过《文化多样性宣言》，就文化政策的机构、行政、财务等进行全球的、有目标的组织与规划。又如具体到各个国家的具体化政策，澳大利亚政府于1994 年提出《创新型国家声明》、1998 年英国工党通过《创意产业路径文件》、1995 年韩国颁布《文化艺术振兴法》，文化政策涉及文化产业、文化产品、厂商经营、人才培育、补助赞助等，文化政策在文化治理民主化、公共化方面起着重要的作用。

（2）对作为工具性的文化政策研究并不妨碍文化批评。换言之，对文化政策的研究同样有助于揭露社会矛盾与问题。通常我们认为博物馆、美术馆、图书馆、音乐厅以及文化遗产场作为公共场所是代表大众利益的，它们存在向每一个人开放的理论上的民主性，但本尼特的研究认为这些机构一方面作为公共资源供所有人平等使用，另一方面它又内在地充当了区别人口的工具。首先它们的发展并不是由大众决定的，而是由馆长、批评家、管理委员会、设计师甚至董事会等诸多"代言人"决定的。这些代言人在阶级、种族、性别方向的倾向本身就是一种权力，例如艺术资助政策体现了文化艺术场域中的权力博弈，为了避免政党意志与个人的偏好，英国、美国、新西兰等诸多国家都设置了艺术委员会。但本尼特仍旧引用布尔迪厄的观点，统治阶级为了同非统治阶级之间区分开来，会致力于设置各种与品位、意义相关的界限，这表明公共领域的社会结构如果与政府、国家权力走向合并则不亚于社会的再封建化。就文化与经济的关系来看，有不少学者认为文化政策受新自由主义经济影响走向失语状态，例如英国的千禧穹顶项目建设，大量存在企业与政府幕后的权钱交易行为，国家文化政策在新自由主义全球化的冲击下影响的只是公共利益，因此批判的文化政策，主要指向通过介入文化政策领域以批判的立场揭示文化政策背后的规训和控制技术。

文化政策研究是文化研究与政治经济学研究集合的新的方向，是建立在实用和批判两种话语上的，它包含了文化研究、历史和哲学的基本方法论，既涉及人文话语又涉及政治经济话语还有复杂的受众，探索语用学与权力的关系、霸权与民主的界限、文化机构的政治合理性、知识分子的社会职能是文化政策研究的指向。

第二节　坚定文化批判理论与政治经济学联合

批判理论何以具有深刻性？如果文化批判理论只停留在上层建筑领域（话语、符号、情感）上不啻为"形而上学"的翻版，唯开掘文化研究历史唯物主义之维度，理论方有超越现实世界的动机和可能，才能以文化为本体探究人的本质、社会的本质及其发展规律。基于此，文化批判理论的深刻性必须诉诸历史唯物主义，即完全跳出唯心主义或单纯的唯物主义倾向，而应直指文化的社会过程即将文化视为社会—历史的构造物。文化批判理论的建构应以马克思历史唯物主义理论为平台，没有历史唯物主义，就不能强调社会存在的历史性，就不能说明文化的本质，也就不能说明人的本质。本节将重返马克思历史唯物主义理论，详细溯源马克思历史唯物主义的理性结构，重申文化批判理论应该注重的物质生产维度、辩证法维度、历史维度。唯如此，才能清楚文化的指向是如何助力人的解放。

一　坚持物质生产维度在文化批判理论中的根源性

文化批判理论中经常出现创造、意志、情感、感性、激情等词，用以描述似乎文化或观念的创造起源于神秘的心灵、主观意志而与现实的历史、社会毫无关系，譬如乔布斯发明苹果产品的想法、导演拍摄电影的灵感、医疗科学的创新，似乎总是"英雄"的远见卓识引领了世界的发展，于是并非时势造英雄，而是英雄造时势。那么试问这种文化（观念）决定论同绝对精神创造自然、社会、国家有什么不同？

何谓"感性"？"感性"是哲学世界观中的一个重要范畴。总的来说"感性"与"理性"是相对的概念，通常与"非本质""形而下""质料""感觉""身体""爱欲""现象""经验"等概念相联系。哲学先天依赖于感觉与理性的分离，哲学视野对"感性"的认知一如文化研究中如何看待"感性"，是确立一整套观念的基础。对于"感性"的观念生成史的考察可以启示我们应该以怎样的思维结构进行文化批判，更重要的是说明在文化批判理论中应该坚持历史唯物主义。溯源西方哲学传统我们发现不同哲学理论对"感性"的认知大致可以分为三类：一是西方形而上学传统的感性观；二是费尔巴哈直观唯物主义的感性观；三是马克思历史唯物主义的感性观。

（一）褫夺感性：西方形而上学传统的感性观

西方形而上学传统中的感性观不是一成不变的，而是经历了三个阶段：一是以柏拉图为开端，崇尚纯粹理性，贬低感性的非此即彼范式；二是自文艺复兴重新发现"人"以来，对于人的主体性的确立使"感性"纳入认识论体系中，但这一阶段的"感性"始终是作为客体被动存在的，并受柏拉图范式的影响依旧被认为是不重要的、变化的、现象的；三是以德国古典哲学揭示了人的主观能动性为脉络，但这一阶段的感性在纯粹理性的带动中丧失了感性的丰富性，成为抽象的存在。具体到每一位哲学家，"感性"概念在他们各自体系内的规定是不同的，本小节在简略地论述"感性"的认知生成史同时也会具体说明"感性"的规定变化。

（1）对感性的排斥。早期古希腊城邦奉行的是自然哲学传统，泰勒斯以水为万物之源，阿那克西米尼以气为本原，赫拉克利特以火为本原，阿那克西曼德认为"无定"万物的本原，早期哲学尽管崇尚辩证、演绎、理性，但并没有排斥感性。对感性与理性的彻底分离，建立起重视理性贬低感性的理性主义传统主要是柏拉图完成的，这一传统对人类影响极深以至于黑格尔称柏拉图为"人类的导师"。

僭主政治的腐败与苏格拉底的死使柏拉图看到民主政治的恶果，他认为寡头们在追求财富中导致了感性欲望的放纵，失去了对美与社会正义的追求。何谓真善？何谓虚假？柏拉图首先区分了两个领域，他认为"知识所知道的存在的东西不同于意见所认识的东西，所以可感领域不是真正的是者，但也不完全是非是者，真正的是者是知识的确定对象，属于理智的领域，可感的与理智的是两个相分离的领域"①。基于此，柏拉图用四线段的比喻形象说明了两种认识、两个领域的区分，认为辩证法存在于理念中，理念是唯一真实的，现实世界是虚假的。进而在柏拉图的政治哲学中，他认为哲学家是理性的化身，具备成为社会的统治者的资格，社会的等级按照社会生活由低到高的发展过程由生产者、武士和政治统治者三个阶层组成。但在柏拉图的政治体系中没有奴隶的地位，可正是奴隶的物质劳动支撑起整个城邦的生活的基础，对如此庞大的感性基础的忽视意味着对"感性"的彻底排除。亚里士多德曾解释了柏拉图拒斥感性的哲学的思想来源："他年青时熟悉克拉底鲁和赫拉克利特的学说，即认为一切感性事物都永远处在流变中，不能有关于它们的知识，这些观点他直到晚年都是坚持的。而苏格拉底则致力于研究伦理问题，不管整个的自然界，只在伦理事情里寻求普遍，并且是第一个把思想集中在定义上面的人；柏拉图接受了他的教导，但认为定义的对象不是任何感性的事物而是另一类的实体，理由是感性事物总在变化，对它们不能有一个一般定义。"②尽管之后的晚期希腊哲学，感性与伦理世界的意义联系起来了，"感性"频繁出现在各种理论中，但我们基本可以看到"感性"始终是处于被蔑视的地位。

（2）认识论视野中的被动感性。人文主义者对人的褒扬以及自然哲学对自然能动性的发掘，这在一定程度上促进了近代理性即自然科学精神兴起，进而推动了认识论发展。"感性"被纳入认识论视野，但这一段的"感性"主要是被动存在的，我们通过笛卡儿和洛克的理论进行说明。

笛卡儿认为一切都可以怀疑但"我在怀疑"这件事是不可怀疑的，是确定的。由此确立"我思"的主体，这个命题的意义在于确定了自我是一个思想实体。至于思想的具体内容即如何从唯一命题推导出其他确定的知识，他把所有的观念分为三部分：天赋的、外

---

① 赵敦华：《西方哲学简史》（第 2 版），人民出版社，2003，第 47 页。
② *Aristotle*，Met. 987^{a}29—^{b}32. 转引自杨适《哲学的童年：西方哲学发展线索研究》，中国社会科学出版社，2011，第 375 页。

来的、虚构的。这三种观念可以合并为两种，即自己制造出来的和外部原因制造出来的，外部原因制造出来的是比如来自上帝，一旦上帝介入，就必须区分主体客体精神物质，由此直接造成了二元论的局面，在二元论体系当中，感性始终是被动存在的。

在洛克这里"感性"也是被动的。但不同于笛卡儿的唯理论，洛克明确地否认了天赋观念论的存在，提出了白板说。他认为天赋观念是指天生印在心灵当中的概念。心灵原本是一张毫无痕迹的白板，在经验的过程中才产生了观念。经验分为感觉和反省两类，感觉和反省不是相互独立的活动，它们可以共同起作用，因此有时候观念有两个来源。所以洛克的理念也被称为双重经验论，在经验论视域内，感性的主动性并未得到说明。

洛克的错误在于，将起源于感觉的知觉和起源于反省的知觉都称作观念。这是因为，观念归根结底是从印象来的，在印象之外并没有独立的来源。休谟不仅用经验来说明知觉的性质，而且讨论了知觉与外部世界的关系问题。在休谟看来，感觉印象和由感觉印象派生出的其他知觉是认识的唯一的材料，至于感觉经验能否实现对外部世界的客观反映，这个问题超出了我们可知的范围。周晓亮认为，"当经验主义不是把经验当做连接主观认识和客观实在的桥梁，而是当做阻断两者的障碍，它的逻辑结果必然是怀疑主义的"[1]。经验论者的问题在于，虽然将感觉经验确定为知识的现实基础，但是仍然不能达到对外部世界的客观认识，因为感性仍然被看作消极的、被动的存在。

（3）主观能动性中抽象的感性。德国古典哲学家们在近代启蒙精神的影响下继续致力于解决经验论与唯理论的局限。他们进一步高扬人的主观能动性，诠释了人在形而上学与感性世界之间的能动作用，但不同于马克思肯定物质条件的基础作用，他们是以唯心主义的形式来发展人的主观能动性。

首先，回溯康德是如何解决理性与感性的链接问题。他指出了

---

① 周晓亮：《休谟哲学研究》，人民出版社，1999，第100页。

造成形而上学危机的原因：其一，来自经验论的反击，经验论认为形而上学是无法直接超越经验的，因为它本身就是经验的产物。其二，如何克服形而上学的独断论。其三，形而上学这门学科的性质决定它完全依赖单纯的概念，但理性至今还没有找到一个普遍的、必然的原则。借鉴数学和物理走向科学的方式，康德提出了解决形而上学危机的方法是：把原来从客体到主体的思想路线转变为从主体到客体的思想路线。康德的"哥白尼"式的逻辑是：其一，人的直观能力先于直观对象，这决定了他所能直观到的内容。其二，人的概念对直观内容做出进一步的判断并形成经验知识，知识的普遍必然性根植于人的主观方面。其三，人作为自发能动的理性存在者，不受经验因素决定，因此人是自由的不受外在任何东西决定，人不仅为自然立法也为自己立法。在此逻辑下，感性不再是被动的，而是一种接受能力，具有一定的主动性，感性受到外界对象（物自体）的刺激，会对刺激对象做出适当反应。

其次，黑格尔关于感性的规定见于其"感性确定性"的论述中。经由上文可以了解到，在经验论哲学家那里感性的确定性是存在分歧的，面对这样的情况，"黑格尔批判了近代西方哲学的认识论优先原则，他认为近代西方哲学把手段当作目的，把认识的工具和方法当作真理本身，事实上考察人的认识本身不是目的，而是为了达到绝对知识的手段"①。所以，黑格尔在《精神现象学》中非常直接地肯定了感性的确定性，它是一个不包含任何中介的"直接的存在"，感性具体的事物构成具体空间中的一切，但因为黑格尔以绝对理性为其存在论基础，因此单纯感性的东西在黑格尔那里是被扬弃的，感性没有任何规定性，仅仅是精神异化的单纯对象。黑格尔是通过时间与空间来论证确定性的虚妄性，因此当黑格尔把"直接性"等同于"虚妄性"，也就是取消了感性的存在，因此马克思说黑格尔的绝对理性是"无人身的理性"。在对感性的确定性存在即虚无的论证中，黑格尔丰富了辩证法，这是巧妙的，但也正是唯心主义的悲怆

---

① 赵敦华：《西方哲学简史》（第2版），人民出版社，2003，第338页。

所在，因为对于一般的科学或知识形成过程是以取消感性的存在为代价的。

（二）重构感性：费尔巴哈的差异性感性论

费尔巴哈把康德哲学看作"有限制的唯心主义"，即"建立在经验论基础上的唯心主义"①。黑格尔也没有真正扬弃康德所造成的思维与存在的矛盾，他只是在形式上解决了这个问题。绝对理性只不过是"神学—形而上学"的翻版。新哲学必须把以自然为基础的现实的人看作真正的出发点，人是统一的、完整的实体，是感觉论唯物主义的最高原则。费尔巴哈在感性对象性原则的基础上，提出了"我—你"对话辩证法："真正的辩证法并不是寂寞的思想家的独白，而是'自我'和'你'之间的对话。"②人毕竟不是纯粹观念领域的绝对自我，而是处在我和你的关系中的自我。恩格斯把思维和存在的关系问题称为哲学的基本问题。费尔巴哈旗帜鲜明地强调："思维与存在的真正关系只是这样的：存在是主体，思维是宾词。"③他把自然和人确定为新哲学研究的主要对象，用感性对象性原则实现了对黑格尔客观唯心主义体系的哲学革命。

费尔巴哈首先提出了"感性第一性"原则。黑格尔主张逻辑可以独立于自然、历史之外，通过异化"应用"于自然界、人的意识和社会；费尔巴哈却认为只能从自然过渡到逻辑，逻辑不可能产生现实的自然，因此费尔巴哈的哲学出发点是感性的人和自然，即现实性的世界。在此，我们需要进一步明确费尔巴哈的"感性直观"概念，因为在洛克那里也存在感性直观，只不过是旧唯物主义对认识的机械的反映；康德那里也存在感性直观，但是具有主观能动性的感性直观。费尔巴哈的"感性直观"具有三重内涵：其一，"感性直观"是认识的起点。其二，感性直观是辨别事物真假性的唯一标准。在黑格尔那里感性是需要概念赋予其确定性的意义，但费尔

---

① 《费尔巴哈哲学著作选集》上卷，荣震华等译，三联书店，1959，第145页。
② 《费尔巴哈哲学著作选集》上卷，荣震华等译，三联书店，1959，第185页。
③ 《费尔巴哈哲学著作选集》上卷，荣震华等译，三联书店，1959，第115页。

巴哈认为感性直观是自身可以确定自身而不必经受怀疑的。其三，要实现对感性世界的把握，感性直观必须与思维结合，从直接的感性过渡为抽象的对象，需要思维中介，并不断在直观中修正以达到最终的知识。我们可以看到，尽管费尔巴哈的"感性直观"更多的是作为认识的反映存在，无法借此说明人、自然、社会的历史性，但其积极意义在于扭转思维与存在的关系，经由感性抵达对象，摆脱了受意识原则压迫的感性，感性作为主体与对象发生关系的根源，从这一意义上来说完成了同一般哲学——形而上学、同柏拉图主义传统的对立，是德国古典哲学思维方式的一大转向。因此，马克思在《1844 年经济学哲学手稿》中肯定了费尔巴哈辩证法的理论意义，认为"费尔巴哈是唯一对黑格尔辩证法采取严肃的、批判的态度的人；只有他在这个领域内作出了真正的发现，总之，他真正克服了旧哲学"①。

在"感性直观"的基础上，还需要回答对象性如何得到普遍的实现呢？也就是说感性对象的个别性、具体性与哲学原则的一般性、普遍性是如何并存呢？费尔巴哈找到了"现实的人"这一概念。旧哲学在根本上是否定感性对象化活动的，也就是彻底否定人的现实性，因此类的普遍性、一般性只能诉诸抽象或者是理性、神性的无限性。但基于"感性第一"原则，现实中的人是感性与理性的统一体，在本质上灵魂与肉体相结合的统一体。在"现实的人"的规定性上，费尔巴哈提出了两点：其一，费尔巴哈的人是感性的人，但并不是纯粹的"一般人"，通过感觉主义或者唯物主义费尔巴哈强调了人的差异性。其二，费尔巴哈提出了"类意识"，认为人区别于自然的地方是人有类意识，意识的对象是无限的，人只能把它的意识的无限本质对象化，才能反过来在这个对象上意识到自然。因此，费尔巴哈尽管批判宗教，但是没有彻底消除宗教，而是将原来的神学宗教变成人学宗教，肯定了宗教意义，认为人只是在上帝身上并通过上帝把自己当作目的，真正的宗教是人本学宗教。

---

① 《马克思恩格斯文集》第 1 卷，人民出版社，2009，第 199 页。

由于费尔巴哈对于"现实的人"的解读还不够彻底，彻底地解读这一工作显然是由马克思完成的。费尔巴哈这里的人既是自然的产物又是自然的创造者。他主张以人本主义的方式重返自然，这种理解恢复了自然作为思维根据的合法地位，在一定程度上已经接触到了历史唯物主义的核心。但费尔巴哈又把这种人与人的物质的利益关系的解决交给了"理性、意志与爱"，这不失为将历史的进步、社会的关系用爱这样的伦理概念来解释，因此还不是彻底的唯物主义，自然也就无法生成历史观。

（三）唯物史观：感性的历史根据

在《1844年经济学哲学手稿》序言中，马克思肯定了费尔巴哈将"感性"作为批判旧哲学的利器，但也批判了费尔巴哈将人的本质归结为类的意识。他认为费尔巴哈没有看到人的本质并不是单个人所有固有的抽象物。基于对费尔巴哈"感性"的批判，马克思提出了新唯物主义的立脚点是在人类社会，并通过"实践"概念以现实的个人为出发点，用人的类本质的异化与异化的扬弃说明全部的历史，现实地解决思维与存在、自由与必然关系的问题。

马克思对"感性"的历史根据的逻辑说明主要见于《1844年经济学哲学手稿》《神圣家族》《关于费尔巴哈的提纲》《德意志意识形态》。虽然按照马克思理论的成熟度来说可以直接使用《德意志意识形态》的理论对感性的历史根据进行说明，但为了彻底说明马克思在赋予"感性"以历史根据这一工作的价值，也为了更好地去论证"如何认识文化理论中的'感性'"，此处仍旧按照马克思思想的进程，从《1844年经济学哲学手稿》对马克思如何赋予感性以历史的根据进行说明。

马克思继承了黑格尔的异化观与费尔巴哈的类本质，通过对"异化劳动"的发现，论证了私有财产的历史根据以及共产主义是私有财产即人的自我异化的自我扬弃，使得哲学从形而上学走向了现实的历史及未来，尽管在这一阶段马克思关于人的本质的论述仍然是带有抽象性，但初步形成了唯物史观。

马克思在《莱茵报》工作时期就将目光投向了受苦难的人。他注意到工人的劳动产品从来不属于工人自己，从资本家那里所获得的薪水越来越不够支撑生活，相反资本家越来越富有，工人在精神和肉体上被贬低为机器。在国民经济学家那里，劳动被认为是以谋生活动形式存在的，是唯一不变的物价，是商品。价格高则是因为对商品的需求量大，价格低是因为商品的供给多，价格的变化一方面是因为资本家与工人的竞争，一方面是因为工人之间的竞争。马克思直接指出工人的境遇源自资本、地租和劳动三者的分离，工人实际上是作为被剥削、占有的对象存在。他通过"异化劳动"说明了工人与资本家之间的剥削、占有的关系，从现实到历史逻辑展开了资本主义社会的剥削历史。

第一，工人与自己的劳动产品相异化。原本工人通过劳动占有外部世界，但现在自然人连捡枯树枝都是犯法的，所以自然人首先要得到工作，成为工人，其次才能获得生存资料。于是，劳动产品同工人的关系就是一种同异己的对象的关系。工人消耗的劳动力越多，他所创造的反对自身的、异己的对象世界就越强大，相应地，工人本身就越贫乏，感性世界越来越不成为工人的劳动对象，也越来越不能提供给工人直接意义的生活资料，工人与劳动产品相异化。第二，自我异化。劳动本身对工人来说是外在的东西，是强制劳动，其存在并非满足劳动的需要，而是满足劳动以外的一切需要，因此劳动过程中劳动同生产行为的关系就是工人同他自己的活动是相异化的，这就是自我异化。第三，由于以上两点，异化劳动使类同人相异化，使人把类生活变成维持个人生活的手段，人同自己的类本质异化。第四，当人同自身对立，也就同他人对立，因此人同人相异化。

由此，马克思实际上在批判资产阶级政治经济学的过程中用感性实践活动的辩证法取代了黑格尔的思辨辩证法。韩立新曾揭示马克思在《巴黎手稿》时期对人的本质的不同规定：《第一手稿》的主题是异化劳动，人的本质被理解为"自由自觉的活动"；《穆勒评注》的主题是市民社会，人的本质被理解为"真正的共同存在性""总体性存在"；《第三手稿》的主题是扬弃异化劳动和市民社会，人的本质被理解为"自由自觉的活动"和"社会存在"的统一。马克思的思维进程构成了黑格尔式的"正反合"的三段论。① 但是马克思使用的从抽象到具体的系统辩证法不能从单纯的"加工材料"的角度理解，而是因为资本运动本身恰恰遵循了辩证法的逻辑。《资本论》强调，在普遍的商品交换的条件下，绝对的均衡价格（即社会必要劳动时间）本身是无法达到的，所以它只是无数的个别劳动时间相互交换、竞争和博弈的辩证过程，而只有辩证的认识论才能把握这个逻辑。所以，在马克思的哲学中实现了经济学与哲学的统一，亦即历史与逻辑的统一。

这种唯物主义辩证法显然不能等同于蒲鲁东对黑格尔辩证法的庸俗化理解。蒲鲁东在《贫困的哲学》中孤立地考察整个社会机体内部的每个环节，把辩证运动的全部过程简单地归结为提出消除恶的任务。但这些环节是紧密联系的，不能把它们看作个别因素的机械的联结。马克思强调一切关系同时存在而又互相依存的社会机体，阐明了辩证运动的实质："两个相互矛盾方面的共存、斗争以及融合成一个新范畴，就是辩证运动。谁要给自己提出消除坏的方面的问题，就是立即切断了辩证运动。"② 必须首先把整体的特殊结构当作不以人的意志为转移的客观存在，才能够运用辩证法理解结构的各个环节和构成关系的共同存在的形式。

由此我们回到本节的关注点——何谓"感性"。感性显然不是应该被排除、蔑视的，也不是抽象的，更不是纯粹理念的产物。"感性"是真实的，是人之为人的确证，是社会历史的。这就是说视觉、听觉、嗅觉、思维、直观、感觉、愿望、爱等，不应当仅仅被理解为直接的、片面的感受，"他的个体的一切器官，正像在形式上直接

---

① 参见韩立新《〈巴黎手稿〉研究——马克思思想的转折点》，北京师范大学出版社，2014，第 348 页。

② 《马克思恩格斯文集》第 1 卷，人民出版社，2009，第 605 页。

是社会的器官的那些器官一样，是通过自己的对象性关系，即通过
自己同对象的关系而对对象的占有，对人的现实的占有；这些器官
同对象的关系，是人的现实的实现……是人的能动和人的受动"①。
马克思实际上是从对象化的角度说明了作为外在感知的感性与作为
内在体验的感性的历史性。就作为外在感知的感性而言，现实的社
会历史条件往往决定着感性的直观的形式和内容，对象能成为对象
本身，是基于某种社会过程，人的感觉器官以及相应的外部感知能
力也不是先天既定的，而是伴随着人的自我生成的过程，"五官感觉
的形成是迄今为止全部世界历史的产物"②。作为内在体验的感性而
言，它主要关涉到情感、需求、意愿、意志力、创造力等。马克思
将其作为理解人的现实性的重要方面，对于个体的主观经验是如何
嵌入社会历史的叙事中，这个中介就是现实的物质生活过程，脱离
现实的物质生活过程，情感、意志只能是观念的、想象的、表象的
存在而非现实的存在。

二　坚持辩证法维度在文化批判理论中的根源性

历史唯物主义规律是如何作用于精神领域的？经典马克思理论
的前提是承认劳动的历史性及其作为所有人类财富来源的首要地位，
任何一种解放理论都必须建立在承认马克思劳动价值论优先的基础
地位上才具有真正的解放力。财富并非产生于人脑，并非不受劳动
和资本历史关系的实际客观条件的影响，相应的劳动发展对文化具
有塑造作用。

在形成一种接受或抵制社会意义的文化之前，首先需要的是物
质生活本身，文化对劳动与自然之间新陈代谢的物质依赖性决定了
文化的历史性，文化的发展必然是基于社会的发展，社会的发展仰
赖于生产力与生产关系。对马克思来说，劳动不仅是维持生命必需
的自然物质过程，而且也是生产资料控制权冲突的历史地带，文化

---

① 《马克思恩格斯文集》第 1 卷，人民出版社，2009，第 189 页。
② 《马克思恩格斯全集》第 3 卷，人民出版社，2002，第 305 页。

是人们意识到这种经济冲突并将其解决的舞台。换言之，文化是阐明劳动作为一切价值源泉的意识以及在意识形态中受到质疑和抵制的地方。因此，文化的边界是由劳动作为文化的物质基础（人们需要消费的东西）的可能性来决定的，文化的传播也是在特定的社会环境下产生、需要、满足。正如中国古代文化建立在封建社会基础上，传播方式不发达，除了口耳相传便是纸张传递，因此精英文化相较于大众文化更容易得到传播，精英文化意识形态也获得稳固，但在 21 世纪，大众文化乘科技东风可以得到迅猛传播，因此流行文化成为新世界意识形态的主要阵地。

基于此，本节主要从两方面入手阐释辩证法维度在马克思文化批判理论中的根源性。其一，马克思在对物质资料生产实践的分析中阐明了实践本身包含着深刻的辩证法。其二，阐明文化的本质即人的本质力量的对象化，人与文化的产生依赖于自然的客观存在，人在改造自然过程中创造了文化，因此文化的产生与发展是遵循历史唯物主义辩证原则的。

（1）马克思所讲的以物质资料生产为重要内涵的实践观本身包含辩证法，是与以往的哲学中的实践不一样的。黑格尔在图宾根神学院早期受到了柏拉图《蒂迈欧篇》等著作的影响，发现了有机论背后的根喻（the root metaphor），把世界看作"一个包含所有活物在自身之内的活物"①。他的观念论依赖于有机主义的学说，即认为自然和历史中的存在物都遵照一个目的。黑格尔逻辑学的任务是提供一种将有生命物理解为自我生成和自我组织的方法。马克思在《1844 年经济学哲学手稿》中提出："人作为自然存在物，而且作为有生命的自然存在物，一方面具有自然力、生命力，是能动的自然存在物……另一方面，人作为自然的、肉体的、感性的、对象性的存在物，同动植物一样，是受动的、受制约的和受限制的存在

---

① 参见〔美〕弗雷德里克·拜塞尔《黑格尔》，王志宏等译，华夏出版社，2019，第 100 页。

物。"① 生命的辩证法在于，人的能动性是从受动性中产生出来的。马克思接受了黑格尔的异化辩证法，对自然的理解也采取了"精神的自我运动"框架，强调了人的实践和主体性的作用。这种做法把自然纳入与主体的关系中予以理解。

黑格尔的主奴辩证法只是说明了另一个自我意识的存在。自我和他者间有对话、斗争和承认，这个承认有一个共同的语境。语境是理性，是我们在物相（Sache）中的共同存在。主奴辩证法在外观上表现为奴隶制社会向资产阶级社会的转变，黑格尔试图用这种表现形式达到自己的哲学目的。黑格尔认为，只有在一个坐落在理性的语境中的社会，才能产生宗教、艺术、哲学三种最高的意识形式。如果在一个所有人都沉浸在意识形态的社会里，彼此都不能发觉理性的存在，那必然就不存在什么高级的意识了。因此，黑格尔的哲学实际上解构了意识形态批判的理论意义。

马克思进一步提出，所有人类文明都是以自己不明白的方式生活在理性中的。克里斯托弗·阿瑟（C. J. Arthur）总结了马克思对黑格尔主奴辩证法的理解："黑格尔和马克思都看到，劳动不仅体现在功利主义方面，而且也是自我实现的手段。因此他们看到，是奴隶而不是主人体现了人类存在进一步发展的轨迹。"② 马克思由此提出自然历史过程理论。"正像一切自然物必须形成一样，人也有自己的形成过程即历史，但历史对人来说是被认识到的历史，因而它作为形成过程是一种有意识地扬弃自身的形成过程。历史是人的真正的自然史。"③ 在这个意义上，马克思扬弃了黑格尔的主—客同一原则，在感性对象性活动的基础上建构出历史唯物主义。

因此，马克思哲学在主体—客体的现实社会关系中理解"实践"概念。劳动主体表现为主体性、能动性、超自然性、目的性、理想

---

① 马克思：《1844 年经济学哲学手稿》，人民出版社，2014，第 103 页。
② 〔英〕克里斯托弗·阿瑟：《黑格尔的主奴辩证法与马克思学的神话》，臧峰宇译，《马克思主义与现实》2009 年第 2 期。
③ 马克思：《1844 年经济学哲学手稿》，人民出版社，2014，第 105 页。

性，劳动客体表现为客观性、被动性、自然性、合规律性、现实性。劳动主体对劳动客体进行有目的的改造；劳动客体则对劳动主体进行无意识的约束：二者的矛盾在工具系统中得到统一。劳动工具是人类肢体和感官的延伸，而它本身作为客观存在，同时也具有对象性和物质性。因此，劳动工具包含了主体和客体的对立统一。劳动目的的"一"和劳动对象、劳动结果、劳动产品的"多"形成了对立；在劳动过程中，"一"统摄"多"，这就是普遍性或一般性对特殊性的支配。总的来说，劳动不仅是人类实现对象性本质力量的重要手段，而且是作为类的生活，即实现物质资料再生产的现实生活。在劳动过程中包含了人的自我保存和自我发展。

（2）实践在单个劳动中所体现的辩证法原则，在放大了的人与自然关系、人与人的关系中也是一致的。在人与自然的关系中，人类要维持自身的延续就必须从事生产劳动，在劳动中人首先接触的是直接的自然，即先于人类而存在的自然。其次，人在对自然的改造和占有过程中施加人的本质力量，使周围的物质世界打上人的烙印。而在这一过程中，人作为主客观的统一体，充分发挥主体性，在主体中包含对客体的规定，而客体又是主体力量的证明。人类通过实践改造自然，使自然成为人化自然，人化自然不仅具有客观实在性还具有社会历史性，是一个社会历史范畴，人、自然、社会在实践的基础上形成一个有机的整体。而在人与人的关系中，人如果想在主客体的博弈中获得主体最大限度的自由即在必然与自由的矛盾中最大限度地超越自然，就必须进行结合，表现为制度化的"一"与诸个体之间的对立统一在社会有机整体中达到融合。同时，从西方哲学发展的角度看，人类活动中蕴含着主客体及主体交往关系间的辩证法。西方哲学起源于工业和商业文明的发展，工业的发展在本质上是人的力量的对象化活动，在人与自然的关系中人们追问自然的理性如何可能，自然是什么，本源是什么，自然和人是怎样的存在，这些疑问造就了哲学的科学精神，主客体的问题贯穿整个哲学史，从而批判宗教和批判神话是哲学的传统。商业活动体现的是人与人的交换关系，交换是以个体存在自由、平等为基础的，因此人的存在必然以个体的自由及其存在为前提，以物物关系为中介的人与人的关系，揭示了人与人关系的本质。

由此，在认识论中，社会生活的本质是实践的。人们要求通过有意识、有目的的活动来满足主体的需要，因而就需要人们掌握关于对象本质、规律和人自身的知识。人的意识作为物质长期发展的产物，是人脑对物质世界的反映。人不仅能认识物质世界现象，而且能够透过现实认识本质。实践的发展不仅为人们提供了日益完备的认识工具，还促成了认识载体大脑在质量、数量、结构、功能等方面的变化，形成复杂而精致的认识系统。人们有目的地去认识世界，从实践过程当中获得认识，认识升华为观念，又敦促人们从理论回到实践，在实践中加以检验、补充和发展。实践是革命性的活动，是人以一种主体性的方法来批判性地处理自己同外部世界的关系以建构自己的理性世界实现的途径。人对世界的认识不是一次完成的，而是一个多次且无限深化的过程。人类通过实践改造自然，使自然成为人化自然，人化自然不仅具有客观实在性还具有社会历史性，是一个社会历史范畴，人、自然、社会在实践的基础上形成一个有机的整体。因此，在马克思那里，文化不是想象活动或是纯粹的思维过程，而是人与自然相互作用的过程。文化是人的主体性的本质力量在多方面领域的展现，人类通过现实的劳动实践实现对外部世界的认识和改造，使之成为"人化自然"，赋予文化客体存在形式，同时人类通过文化的创造和发展不断完善自身，使人成为一种"自然的人化"，使文化获得主体存在形式。人的实践活动是文化得以发展的内在动力，人自由而全面的发展是文化的最高本质，文化是"人类完善的状态与过程"。

三　站在社会形态更替的高度推动文化发展

当代文化研究通常把文化局限在上层建筑的领域，割裂了文化与经济、劳动、阶级等因素的辩证关联。与此同时，马克思的历史唯物主义和剩余价值理论遭到了质疑，似乎造成社会不平等的根源并不是创造物质财富的生产劳动，而是人类知识。这就导致唯科技论、文化软实力论和生命政治理论等思潮甚嚣尘上。毫无疑问地，经济和权力是造成社会不平等的决定性因素，这是由资本主义的内在矛盾（即资本和劳动的矛盾）决定的。因此，我们应当站在社会形态更替的高度推动文化批判理论的发展。

是什么造成了社会整体性的不平等，是性别、学历还是国籍？这些都是次要矛盾，确实会造成个体的不平等，但是社会整体性的不平等显然来自经济、权力，这是由资本主义的根本矛盾决定的。而资本主义根本矛盾又体现在资本与劳动的关系中。如果不把资本与劳动结合起来，而是将资本与别的东西（如西方马克思主义诸多理论）联系起来，只能够合法化资本主义，不能够促进社会制度的变革，只能够让残酷的资本主义变得更宽容、更人道，对资本主义人性化的改良是资本主义社会左派的目标，而不是社会主义的目标。

在找到社会形态演进规律的时候，马克思着力分析了自己身处的时代。资本主义社会表现为庞大的商品堆积，商品经济的发展基于两个基本条件：其一，社会分工，即不同生产者生产不同的产品，普遍的社会需求要求人们以其所有易其所无；其二，生产资料与劳动产品属于不同的所有者，即产品的任何个人性质全部消失，生产完全是以出卖为目的，劳动力成为人的唯一可出卖的商品，至此大规模的商品生产成为可能。古典经济学家无法解释在遵循价值规律的前提下如何解释价值增殖的存在，马克思用劳动二重性理论分析了资本增殖的过程，具体的劳动产生使用价值，抽象的劳动撇开具体的形式，通过人体力与脑力的消耗创造剩余价值，作为同一劳动的两个方面，具体劳动负责转移生产资料价值，抽象劳动负责价值上涨，而价值上涨到一定点即超过劳动力价值，就会产生剩余价值，剩余价值是一个历史范畴，它表现为一个阶级对另一个阶级的占有。剩余价值在实际资本的运作中表现为可以平均分配的利润，股东以其投入的资本量承担一定的风险而获取相应的利润的形式掩盖了资本真实的来源及本质。对剩余价值的绝对追求是资本主义生产的目的，加强对雇佣劳动的剥削和扩大再生产是达到这一目的的手段，当商品的堆积达到一定的程度而无法被消费或转换为可流通的资本，就会产生经济危机，而经济危机的产生源自商品私人劳动需要转化为社会劳动的矛盾，因此资本主义社会形态作为一个历史范畴终将消失。

丹尼尔·辛格在《谁的新千年：他们的还是我们的?》一书中批判戈尔巴乔夫的社会主义观时说："在他看来社会主义归根到底是一种繁荣的资本主义，那时国家是福利性的，那时最低工资是体体面面的。"① 社会主义不只是发达的生产力、富裕的生活，社会主义作为超越资本主义社会的更高的社会形态，其所指向的是人的自由而全面的解放，是彻底地从剥削、占有中解放出来。它内在地包含于一整套相互和谐的经济制度、政治制度、文化制度中。如果我们只建立社会主义政治制度和经济制度，但不发展社会主义先进文化，那么文化就无法在思想理论上起到先导作用。同理，如果我们只发展社会主义先进文化，不建立与之相适应的政治制度和经济制度，那么文化就只能是观念上的、人脑中的构想，不具备任何现实的作用。社会主义绝不是生产力更繁荣的资本主义，同样，文化只有在与经济政治相互作用下，才能显示出它的意义和价值，只有两个文明都搞好，才能为政治稳定、经济发展、文化繁荣、民族团结、人民幸福、社会安宁、国家统一提供有力保障。

马克思曾以希腊艺术与现代社会的关系说明物质生产的发展与艺术生产之间存在不平衡关系。尽管希腊时期的物质生产力相较今天不发达，但我们无法否认希腊时期的文艺的价值是整个西方文艺中最耀眼的。尽管今天资本主义社会生产力获得了极大的发展，但这并不意味着与现代的文化艺术与生产力之间是平衡的、相适应的关系。相反，一些学者将晚期资本主义矛盾归结为文化矛盾，表明

---

① 〔美〕丹尼尔·辛格：《谁的新千年：他们的还是我们的?》，曹荣湘等译，中国人民大学出版社，2002，第26页。

资本主义文化确实需要改变。但对于文化矛盾的解决、文化的建设，如果只是就文化论文化，是无法解决资本主义社会痼疾的。一切文化矛盾、文化危机都有其深刻的社会根源，归根结底是与社会生产力状况及其制度分不开的。正如本书所论述的文化主义，从根本上来说是由表象背后的物质力量所引起的，这种物质力量实际上正在塑造现实，从而使意识形态陷入危机，必须加以遏制。只有站在社会形态更替的高度审视文化问题，把对文化的理解从一种把文化视为"自身事物"的意识形态的理解转变为一种将文化包含在物质世界中的批判性的理解，才有助于将意识从资本的统治中解放出来，才能建设符合社会发展规律的文化，进而发挥文化的作用。

结　语

　　西方马克思主义文化批判理论与马克思的政治经济学有千丝万缕的关系。文化研究学者大多认同对于马克思主义文化理论的任何现代考察都必须始于对起决定作用的基础和上层建筑这一命题的思考①。我们不得不承认，西方马克思主义文化批判理论的发展进程隐含了政治经济学模式，因为西方马克思主义文化批判理论是把经济基础与上层建筑关系模式作为它的基础性假设，或者说是把对经济主义和还原主义的回避作为发展理论的基础的。因此，尽管西方马克思主义文化批判理论不断发展变化，但其本质并未改变，即为了避免经济主义和还原主义的可怕指责而尽可能地不与物质生产理论发生关系，以至于文化批判理论越来越话语化。"去经济学化"是西方马克思主义文化批判理论的重要特征。"去经济学化"的结果一方面丰富了文化批判理论；另一方面也可能导致文化批判失去根基甚至偏离马克思主义，学界往往就文化批判文化批判，因此反思这一问题是必要的。今天我们谈论为什么文化批判理论不能"去经济学化"，其原因正如威廉斯谈"情感"、齐泽克谈"快感"、布尔迪厄谈"惯习"、拉康谈"精神"等，问题的关键从来不是谁超越谁，因为大量的研究表明不同的理论具有丰富的价值，问题的关键在于哪一种理论可以更清晰、更全面地解释具体的社会现象，引导社会

---

① Raymond Williams, *Culture and Materialism: Selected Essays*, London and New York: Verso, 2005, p.31.

的发展。

本书通过论述西方马克思主义文化批判理论"去经济学化"的过程，一方面说明西方马克思主义文化批判理论是建立在对政治经济学极深的误解之上发展的，另一方面说明在不改变资本主义制度的立场上解释文化、发展文化，最终是无法解决西方经济制度与政治制度的痼疾。尽管越来越多的学者关注文化批判理论与政治经济学重建这一工作，致力于探索文化与经济在广泛的政治视域、历史视域下的关系，但正如布鲁诺·拉图尔关于理论死亡与精神重生的故事昭示的：理论的生与死，归根结底是利益的兴衰，而不是自身造成的。拉图尔认为冷战时期资本主义阵营需要理论来对抗社会主义对资本主义的批判，因此当时它在人文学科中服务于解构所有二元体，将它们转化为形式上的等价物，从而服务于主导者；"柏林墙"被摧毁后，理论的改变和反基础主义产生，这是理论文本的高度介入和文化解构的结果；曾经在福柯和拉劳的著作中，社会差异理论被归一化，理论证明了新的无边界的资本主义的合法性；但今天，西方正在逐渐失去对发展中国家的经济霸权，理论也宣告结束，一种以价值观取代观念的文化主义站出来试图解决危机，通过将理论从对知识生产条件的严格探究转变为一种伦理来合法化一切社会冲突。归根结底如果不改变资本主义的制度，一切文化批判只能起到哪漏补哪的临时作用，在主导阶级的控制下，文化的发展只能起到美化其本质危机的作用。

相比而言，今天我们谈论建设社会主义文化强国，本质上是要建立一套与社会主义政治制度、经济制度相一致的文化，其最终旨趣是促进人民自由而全面的发展。中国特色社会主义文化是一套系统的文化理论，它以建设社会主义文化强国为根本目标，以马克思主义思想为指导，以中国优秀传统文化、革命文化、社会主义先进文化为重要支撑。任何一个文化研究理论工作者都应当清楚地认识到，寻找文化批判理论与政治经济学失去的联合是文化发展的未来方向，建设社会主义文化强国是历史赋予我们的任务。

参考文献

《马克思恩格斯选集》第 1 卷，人民出版社，2012。

《马克思恩格斯选集》第 2 卷，人民出版社，2012。

《马克思恩格斯选集》第 4 卷，人民出版社，2012。

《马克思恩格斯文集》第 1 卷，人民出版社，2009。

《马克思恩格斯文集》第 4 卷，人民出版社，2009。

《马克思恩格斯文集》第 10 卷，人民出版社，2009。

《马克思恩格斯全集》第 1 卷，人民出版社，2001。

《马克思恩格斯全集》第 3 卷，人民出版社，2002。

《马克思恩格斯全集》第 31 卷，人民出版社，1998。

《马克思恩格斯全集》第 44 卷，人民出版社，2001。

马克思：《1844 年经济学哲学手稿》，人民出版社，2014。

恩格斯：《家庭、私有制和国家的起源》，人民出版社，2018。

《列宁短篇哲学著作》，人民出版社，1993。

陈光兴：《文化研究：霍尔访谈录》，台北远流出版事业股份有限公司，1998。

陈学明、马拥军：《走近马克思——苏东剧变后西方四大思想家的思想轨迹》，东方出版社，2002。

韩立新：《〈巴黎手稿〉研究——马克思思想的转折点》，北京师范大学出版社，2014。

洪汉鼎：《斯宾诺莎哲学研究》，中国人民大学出版社，2013。

黄力之：《马克思主义与资本文化矛盾》，河南大学出版社，2010。

寇瑶：《文化批判与审美乌托邦：阿多诺"文化工业"批判理论研究》，中国社会科学出版社，2017。

李春建、马丽：《内格里的"非物质劳动"理论及其当代意义研究》，重庆出版社，2016。

李庚：《女性·历史·消费——当代电视剧的文化批判》，黑龙江大学出版社，2011。

李文艳：《斯图亚特·霍尔文化政治批判思想研究》，山西人民出版社，2018。

李小娟、付洪泉主编《批判与反思：文化哲学研究十年》，黑龙江大学出版社，2011。

林雅华：《克拉考尔的文化现代性批判理论研究：以魏玛写作为中心》，中国社会科学出版社，2016。

刘方喜：《批判的文化经济学——马克思理论的当代重构》，河北大学出版社，2013。

刘进：《文学与"文化革命"：雷蒙德·威廉斯的文学批评研究》，巴蜀书社，2007。

刘连喜主编《电视批判——我们需要什么样的电视文化》，中华书局，2003。

陆扬：《马克思主义文化理论发展史》，百花洲文艺出版社，2019。

马驰：《西方马克思主义与中国当代文论》，河南大学出版社，2010。

欧阳谦：《人的主体性和人的解放》，山东文艺出版社，1986。

欧阳谦：《文化的转向：西方马克思主义的总体性思想研究》，中国人民大学出版社，2015。

孙承叔等：《重建历史唯物主义——西方马克思主义基础理论研究》，复旦大学出版社，2015。

王邦佐主编《政治学辞典》，上海辞书出版社，2009。

王荫庭编《普列汉诺夫读本》，中央编译出版社，2008。

王雨辰：《哲学与文化价值批判：解读当代西方马克思主义》，湖北
　　人民出版社，2004。

吴晓明、王德峰：《马克思的哲学革命及其当代意义——存在论新境
　　域的开启》，人民出版社，2005。

徐崇温：《"西方马克思主义"论丛》，重庆出版社，1989。

许纪霖主编《帝国、都市与现代性》，江苏人民出版社，2005。

仰海峰：《〈资本论〉的哲学》，北京师范大学出版社，2017。

衣俊卿等：《20 世纪的文化批判：西方马克思主义的深层解读》，中
　　央编译出版社，2003。

尤战生：《流行的代价：法兰克福学派大众文化批判理论研究》，山
　　东大学出版社，2006。

余莉主编《西方马克思主义文化批判》，中国人民大学出版社，2019。

俞可平主编《全球化时代的"马克思主义"》，中央编译出版社，1998。

俞吾金、陈学明：《国外马克思主义哲学流派新编·西方马克思主义
　　卷》，复旦大学出版社，2002。

赵继伟：《马克思主义意识形态接受论》，武汉大学出版社，2009。

周晓亮：《休谟哲学研究》，人民出版社，1999。

周秀菊：《詹姆逊文化批判思想研究》，光明日报出版社，2014。

〔法〕阿尔贝特·施韦泽：《文化哲学》，陈泽环译，上海人民出版
　　社，2008。

〔德〕爱德华·伯恩施坦：《伯恩施坦文选》，殷叙彝编，人民出版
　　社，2008。

〔澳〕安德鲁·米尔纳、〔澳〕杰夫·布劳伊特：《当代文化理论》，
　　刘超等译，江苏人民出版社，2018。

〔意〕安东尼奥·葛兰西：《狱中札记》，曹雷雨等译，中国社会科
　　学出版社，2000。

〔英〕安东尼·吉登斯：《社会学》，赵旭东等译，北京大学出版社，
　　2003。

〔美〕戴维·斯沃茨：《文化与权力：布尔迪厄的社会学》，陶东风译，上海译文出版社，2012。

〔美〕丹尼尔·贝尔：《后工业社会的来临》，高铦等译，江西人民出版社，2018。

〔美〕道格拉斯·凯尔纳：《媒体奇观：当代美国社会文化透视》，史安斌译，清华大学出版社，2003。

〔美〕道格拉斯·凯尔纳：《媒体文化：介于现代与后现代之间的文化研究、认同性与政治》，丁宁译，商务印书馆，2013。

〔德〕费尔巴哈：《费尔巴哈哲学著作选集》上卷，荣震华等译，三联书店，1959。

〔美〕弗罗姆：《占有还是生存——一个新社会的精神基础》，关山译，三联书店，1989。

〔意〕葛兰西：《实践哲学》，徐崇温译，重庆出版社，1990。

〔德〕哈贝马斯：《在事实与规范之间——关于法律和民主法治国的商谈理论》，童世骏译，三联书店，2003。

〔德〕哈贝马斯：《作为"意识形态"的技术与科学》，李黎等译，学林出版社，1999。

〔美〕哈维：《后现代的状况：对文化变迁之缘起的探究》，阎嘉译，商务印书馆，2003。

〔德〕海德格尔：《面向思的事情》，陈小文等译，商务印书馆，1996。

〔美〕赫伯特·马尔库塞：《爱欲与文明——对弗洛伊德思想的哲学探讨》，黄勇等译，上海译文出版社、重庆出版社，2012。

〔美〕赫伯特·马尔库塞：《单向度的人：发达工业社会意识形态研究》，刘继译，上海译文出版社、重庆出版社，2016。

〔德〕黑格尔：《精神现象学：句读本》，邓晓芒译，人民出版社，2017。

〔德〕黑格尔：《世界史哲学讲演录：1822—1823》，刘立群等译，商务印书馆，2015。

〔德〕黑格尔：《哲学史讲演录》第四卷，贺麟等译，《贺麟全集》，上海人民出版社，2013。

〔联邦德国〕霍克海默、〔德〕阿多尔诺：《启蒙辩证法》，洪佩郁、蔺月峰译，重庆出版社，1990。

〔联邦德国〕霍克海默：《批判理论》，李小兵等译，重庆出版社，1989。

〔法〕吉尔·利波维茨基、〔加〕塞巴斯蒂安·夏尔：《超级现代时间》，谢强译，中国人民大学出版社，2005。

〔英〕卡尔·波普尔：《开放社会及其敌人》第2卷，郑一明等译，中国社会科学出版社，1999。

〔英〕克里斯多夫·约翰·阿瑟：《新辩证法与马克思的〈资本论〉》，高飞等译，北京师范大学出版社，2018。

〔英〕拉尔夫·密里本德：《资本主义社会的国家》，沈汉等译，商务印书馆，1997。

〔法〕拉法格：《拉法格文选》上卷，人民出版社，1985。

〔法〕拉法格：《唯心史观和唯物史观》，王子野译，三联书店，1965。

〔法〕雷蒙·阿隆：《知识分子的鸦片》，吕一民等译，译林出版社，2012。

〔英〕雷蒙德·威廉斯：《马克思主义与文学》，王尔勃、周莉译，河南大学出版社，2008。

〔英〕雷蒙德·威廉斯：《漫长的革命》，倪伟译，上海人民出版社，2012。

〔英〕雷蒙·威廉斯：《文化与社会：1780—1950》，高晓玲译，吉林出版集团有限责任公司，2011。

〔英〕雷蒙·威廉斯：《关键词：文化与社会的词汇》，刘建基译，三联书店，2005。

〔美〕利文斯顿：《现代基督教思想》（上），何光沪等译，译林出版社，2014。

〔匈〕卢卡奇：《历史与阶级意识——关于马克思主义辩证法的研究》，杜章智等译，商务印书馆，1999。

〔匈〕卢卡奇：《青年黑格尔》，王玖兴译，商务印书馆，1963。

〔法〕路易·阿尔都塞：《保卫马克思》，顾良译，商务印书馆，2016。

〔法〕路易·阿尔都塞、〔法〕艾蒂安·巴里巴尔:《读〈资本论〉》,李其庆等译,中央编译出版社,2001。

〔法〕路易·阿尔都塞(阿图塞):《自我批评论文集》,杜章智等译,台北远流出版事业股份有限公司,1990。

〔德〕马克斯·韦伯:《新教伦理与资本主义精神》,康乐等译,广西师范大学出版社,2007。

〔德〕麦克斯·施蒂纳:《唯一者及其所有物》,金海民译,商务印书馆,2017。

〔法〕米歇尔·福柯:《规训与惩罚:监狱的诞生》,刘北成等译,三联书店,2003。

〔英〕佩里·安德森:《西方马克思主义探讨》,高铦等译,人民出版社,1981。

〔俄〕普列汉诺夫:《论一元论历史观之发展》,博古译,三联书店,1961。

〔俄〕普列汉诺夫:《在祖国的一年:一九一七—一九一八年言论文集》,王荫庭、杨永译,三联书店,1980。

〔法〕让·鲍德里亚:《物体系》,林志明译,上海人民出版社,2018。

〔法〕萨特:《辩证理性批判》,林骧华等译,安徽文艺出版社,1998。

〔斯洛文尼亚〕斯拉沃热·齐泽克:《意识形态的崇高客体》(第二版),季广茂译,中央编译出版社,2017。

〔英〕斯图亚特·霍尔、〔英〕保罗·杜盖伊编著《文化身份问题研究》,庞璃译,河南大学出版社,2010。

〔英〕唐纳德·萨松:《欧洲社会主义百年史——二十世纪的西欧左翼》(上),姜辉等译,社会科学文献出版社,2013。

〔英〕特里·伊格尔顿:《理论之后》,商正译,商务印书馆,2009。

〔英〕托尼·本尼特:《本尼特:文化与社会》,王杰等译,广西师范大学出版社,2007。

〔德〕乌尔里希·贝克:《风险社会:新的现代性之路》,张文杰等译,译林出版社,2018。

樊浩：《"人文力"的形上基础及其方法论意义》，《南京林业大学学报》（人文社会科学版）2001 年第 1 期。

丰子义：《〈资本论〉唯物史观的呈现方式与独特作用》，《中国高校社会科学》2015 年第 6 期。

何萍：《马克思历史辩证法的理性结构》，《南京大学学报》（哲学·人文科学·社会科学版）2012 年第 3 期。

刘怀玉、陈培永：《从非物质劳动到生命政治——自治主义马克思主义大众政治主体的建构》，《马克思主义与现实》2009 年第 2 期。

马拥军：《文化与经济的关系：西方马克思主义政治经济学批判的启示》，《西南大学学报》（社会科学版）2014 年第 2 期。

欧阳谦：《历史唯物主义与当代文化问题》，《教学与研究》2017 年第 1 期。

邰丽华：《西方马克思主义"去经济学化"现象反思》，《当代经济研究》2013 年第 1 期。

汪行福：《社会统治与意识形态的关系——西方马克思主义的两种解释路向》，《国外社会科学》2013 年第 1 期。

郗戈、陈洪鑫：《马克思对黑格尔辩证法批判的哲学"范式转换"意蕴——基于〈巴黎手稿〉黑格尔批判部分的分析》，《中国高校社会科学》2023 年第 4 期。

夏莹、谢廷玉：《萨特与卢卡奇之辩：萨特转向马克思主义的思想契机》，《当代国外马克思主义评论》2022 年第 2 期。

徐德林：《"马克思归来"与文化研究的重建》，《外国文学动态研究》2019 年第 6 期。

仰海峰：《历史唯物主义的双重逻辑》，《哲学研究》2010 年第 11 期。

章辉：《文化研究与政治经济学：从对抗走向联合》，《甘肃社会科学》2013 年第 3 期。

周民锋：《马克思意识形态概念的两个来源及其两重含义》，《学术研究》2008 年第 6 期。

邹广文：《当代文化哲学建构的中国资源》，《学术月刊》2008 年第
　　10 期。

〔英〕尼古拉斯·加恩海姆：《政治经济学与文化研究》，贺玉高、
　　陶东风译，《西北师大学报》（社会科学版）2005 年第 1 期。
〔英〕托·艾尔萨埃瑟：《喧哗与骚动的故事——对家庭情节剧的考
　　察》，郝大铮译，《世界电影》1985 年第 2 期。

蔡矞：《马克思阶级分析理论及其当代价值》，博士学位论文，安徽
　　大学，2010。
李媛媛：《西方马克思主义阶级理论及其当代价值》，博士学位论文，
　　中共中央党校，2015。
刘雯：《格雷厄姆·默多克传播思想研究》，硕士学位论文，新疆大
　　学，2015。
马居上：《阿尔都塞“多元决定论”的整体性批判》，硕士学位论
　　文，中共中央党校，2018。
闵建平：《道格拉斯·凯尔纳媒介文化政治学研究》，硕士学位论文，
　　华中师范大学，2014。
庞璃：《格雷厄姆·默多克文化—经济思想研究》，博士学位论文，
　　山东大学，2006。
徐明玉：《斯图亚特·霍尔的文化身份理论研究》，博士学位论文，
　　辽宁大学，2020。
张朋：《托尼·本内特文化理论研究》，博士学位论文，山东大
　　学，2013。

Bloch, Ernst, *The Utopian Function of Art and Literature*, Cambridge：
　　The MIT Press, 1988.
Bourdieu, Pierre, *Distinction: A Social Critique of the Judgement of Taste*,
　　trans. R. Nice, MA：Harvard University Press, 1984.

Foucault, Michel, *The History of Sexuality: An Introduction*, Vol. I, New York: Vintage, 1990.

Friedman, Thomas L. , *The World is Flat: A Brief History of the Twenty-first Century*, New York: Macmillan, 2006.

Golding, Peter and Graham Murdock, "Culture, Communication and Political Economy," in James Curran and Michael Gurevitch, eds. , *Mass Media and Society*, London: Edward Arnold, 1991.

Hall, Stuart, *The Question of Cultural Identity*, London: Polity Press, 1992.

Hoggart, Richard, *The Uses of Literacy*, Harmondsworthm: Routledge, 1958.

Iggers, Georg G. , *Historiography in the Twentieth Century*, Middletown: Wesleyan University Press, 1997.

Lukacs, Georg, *History and Class Consciousness: Study in Marxist Dialetics*, Cambridge: The MIT Press, 1972.

Lukacs, Georg, *Tactics and Ethics: Political Essays, 1919 – 1929*, New York: Harper, 1972.

Negri, Antonio and Michael Hard, *Empire*, MA: Harvard University Press, 2000.

Negri, Antonio and Michael Hard, *War and Democracy in the Age of Empire*, New York: The Penguin Press, 2014.

Padover, Saul K. , *Karl Marx*, New York: McCraw-Hill, 1978.

Smith, Steven, *Reading Althusser: An Essay on Structural Marxism*, New York: Cornell University Press, 1984.

White, J. , *The Worst Street in North London*, London: Routledge and Kegan Pual, 1986.

Williams, Raymond, *Culture and Materialism: Selected Essays*, London and New York: Verso, 2005.

中共中央党校（国家行政学院）
马克思主义理论研究丛书书目

第一批（11册）

探求中国道路密码	张占斌/著
对外开放与中国经济发展	陈江生/著
国家治理现代化的唯物史观基础	牛先锋/著
中国道路的哲学自觉	辛　鸣/著
历史唯物主义的"名"与"实"	王虎学/著
马克思主义中国化的理论逻辑	李海青/著
发展：在人与自然之间	邱耕田/著
马克思主义基本原理若干问题研究	王中汝/著
马克思人学的存在论阐释	陈曙光/著
新时代中国特色新型城镇化道路	黄　锟/著
比较视野下的中国道路	张　严/著

第二批（12册）

马克思主义经典著作与当代中国	赵　培/著
马克思主义政治经济学与当代中国经济发展	蒋　茜/著
马克思早期思想文本分析	李彬彬/著
出场语境中的马克思话语	李双套/著
当代资本主义新变化	张雪琴/编译
当代马克思主义若干问题研究	崔丽华/著
中国道路与中国话语	唐爱军/著
历史唯物主义的返本开新	王　巍/著
新时代中国乡村振兴问题研究	王海燕/著
被遮蔽的马克思精神哲学	王海滨/著
论现代性与现代化	刘莹珠/著
青年马克思与施泰因	王淑娟/著

第三批（6册）

异化劳动与劳动过程	毕照卿/著
政党治理的逻辑	柳宝军/著
身份政治的历史演进研究	张丽丝/著
西方马克思主义文化批判理论研究	张楠楠/著
马克思利润率趋向下降规律研究	周钊宇/著
马克思恩格斯对黑格尔历史观的批判与超越	朱正平/著

图书在版编目（CIP）数据

西方马克思主义文化批判理论研究 / 张楠楠著.
北京：社会科学文献出版社，2024.7. -- （中共中央
党校（国家行政学院）马克思主义理论研究丛书）.
ISBN 978-7-5228-3869-4

Ⅰ. B089.1；G02

中国国家版本馆 CIP 数据核字第 2024S6P873 号

中共中央党校（国家行政学院）马克思主义理论研究丛书
西方马克思主义文化批判理论研究

著　　者 / 张楠楠

出　版　人 / 冀祥德
责任编辑 / 袁卫华
责任印制 / 王京美

出　　　版 / 社会科学文献出版社·人文分社　（010）59367215
　　　　　　地址：北京市北三环中路甲 29 号院华龙大厦　邮编：100029
　　　　　　网址：www.ssap.com.cn
发　　　行 / 社会科学文献出版社（010）59367028
印　　　装 / 三河市尚艺印装有限公司

规　　　格 / 开　本：787mm×1092mm　1/16
　　　　　　印　张：12.75　字　数：175 千字
版　　　次 / 2024 年 7 月第 1 版　2024 年 7 月第 1 次印刷
书　　　号 / ISBN 978-7-5228-3869-4
定　　　价 / 98.00 元

读者服务电话：4008918866